Maurice Martin   Anthroposophie — was ist das?

Maurice Martin

Anthropósophie, was ist das?

Versuch einer Einführung in die Geisteswissenschaft Rudolf Steiners

Oratio Verlag

4. Auflage 2000

Oratio Verlag GmbH
oratio books, Postfach 1063
CH-8201 Schaffhausen
Druck: IPOLY, Komarno
ISBN 3-7214-0584-6

Inhalt

Seite

Vorwort

Die Weltereignisse zeigen uns von Jahr zu Jahr stets deutlicher, daß um den Menschen und seine Zukunft ein großer geistiger Kampf geführt wird. Hinter den Kulissen wirkende Geistesmächte versuchen den Menschen mit allen ihnen zu Gebote stehenden Mitteln, in ein materialistisches Denken und Handeln einzubinden und das Hereinwirken spiritueller und christlicher Impulse in die Zeitentwicklung von ihm fernzuhalten. Im 20. Jahrhundert ist der Kampf zwischen den guten und bösen Mächten voll entbrannt, und er dürfte sich gerade in den nächsten beiden Jahrzehnten noch gewaltig zuspitzen und jeden einzelnen Menschen auf eine harte Probe stellen. Die Zahl der Menschen, welche die bevorstehenden Prüfungen und Entscheidungen heute schon mehr oder weniger bewußt vorausahnen, nimmt deshalb ständig zu. Und die wachsende Verunsicherung entlädt sich in den allerverschiedensten Formen, als da sind Bürgerinitiativen, anarchistische Bewegungen sowie Demonstrationen gegen die sogenannten etablierten Institutionen und ihre Politik. An ihnen kann man nun zwar die Malaise unserer Zeit studieren, aber man muß doch zugleich feststellen, daß sie den geistigen Kampf nicht aus der Welt schaffen, geschweige denn siegreich bestehen können. Das gilt auch für die Welle der Friedenssehnsucht, die gerade durch die Ereignisse in Polen einen mächtigen Auftrieb erfahren hat.
Über solche Gruppenbildungen hinaus haben jedoch viele Menschen eingesehen, daß man sich gegenüber den Stürmen der Gegenwart nur behaupten kann, wenn man sich mit den tieferen Hintergründen des Weltgeschehens geistig auseinandersetzt und sich jenen spirituellen Impulsen nicht verschließt, die als Zukunftskeime ihren Weg in die Menschheit finden möchten. Nur so läßt

sich auch das große Interesse deuten, das im Wintersemester 1981/82 einem Einführungskurs in die Anthroposophie an der Volkshochschule Zürich entgegengebracht wurde. Die Anthroposophie möchte ja dem modernen Menschen helfen, sein eigenes Wesen und damit die Entwicklung der Menschheit besser zu verstehen und sich um den Mut zu bemühen, der erforderlich sein wird, wenn die Menschheit in dem geistigen Kampf, der heute ausgetragen werden muß, bestehen will. Daß die Anthroposophie Einsichten ins Bewußtsein heben kann, die im Menschenwesen verborgen liegen, zeigen die Dankworte eines Kursteilnehmers an: „Ich kann Ihnen leider nur mit einfachen Worten, aber mit ganzem Herzen Dank sagen für die sehr interessanten Kursabende. Sie haben mir die Augen geöffnet für viele, eigentlich ganz logische Zusammenhänge. Vieles, das ich bis dahin gefühlt habe, haben sie mir begreiflich gemacht."

Nachdem dieser Einführungskurs in der Zeitschrift „Die Kommenden" als Aufsatzreihe erschienen ist, wird er hiermit auch als Broschüre einem weiteren Kreis von Interessenten zugänglich gemacht. Darüber hinaus liegen eine Anzahl von Fragen vor, welche einige Kursteilnehmer schriftlich formuliert hatten und die dann jeweils zu Beginn eines Kursabends beantwortet wurden. Ferner sind aus dem Leserkreis der „Kommenden" weitere Fragen gestellt und brieflich beantwortet worden. Alle diese Fragen und Antworten sind natürlich ohne Namensnennung am Schluß des Kurses zusammengestellt und zeigen, wie aktiv sich manche Kursteilnehmer und Leser mit diesen menschheitlichen Fragen auseinandersetzen.

Der Verfasser ist sich natürlich darüber klar, daß diese Beantwortung der Frage „Was ist Anthroposophie?" nur ein, gewiß noch unzulänglicher, Versuch sein kann, der immerhin gewagt werden sollte, um gewissermaßen ein Tor aufzuschließen, das hinführen kann zu einer Quelle, die sich für jeden durch das eigene Studium aufzuschließen vermag. Wenn das in der Konsequenz dieser Veröffentlichungen liegt, dann ist das, was mit ihnen angestrebt wurde, voll erfüllt.

Der Volkshochschule Zürich möchte ich danken, daß sie die Durchführung dieses Einführungskurses ermöglicht und Herrn Hillringhaus, daß er ihn als Aufsatzreihe in der Zeitschrift „Die Kommenden“ aufgenommen hat und nun als Broschüre im Verlag Die Kommenden veröffentlicht.

Zürich, im September 1982

Maurice Martin

Die Not-Wendigkeit einer neuen Wissenschaft vom Menschen

Das Menschliche Dilemma – Die Zukunft in unserer Hand: So lauten die Titel der beiden neuesten Berichte des *Club of Rome* zur Lage der Menschheit. (Anm. 1) Der Club of Rome ist ein im Jahre 1968 gegründeter freier Zusammenschluß von rund siebzig Wissenschaftlern, Industriellen und Humanisten aus der ganzen Welt, die um die Zukunft der Menschheit besorgt sind und sich um die Erarbeitung von Lösungen für die brennendsten Weltprobleme bemühen. Im Verlauf der siebziger Jahre hatte der Club of Rome in mehreren provokativen Berichten die Menschheit auf die bedrohliche Lage aufmerksam gemacht, in die sie im 20. Jahrhundert durch ein unkontrolliertes Wachstum ihrer zivilisatorischen Aktivitäten geraten ist. Schon im Jahre 1969 wandte sich U Thant ja bereits mit dem folgenden Appell an die Entscheidungsträger in aller Welt:
„Ich will die Zustände nicht dramatisieren. Aber nach den Informationen, die mir als Generalsekretär der Vereinten Nationen zugehen, haben nach meiner Schätzung die Mitglieder dieses Gremiums noch etwa ein Jahrzehnt zur Verfügung, ihre alten Streitigkeiten zu vergessen und eine weltweite Zusammenarbeit zu beginnen, um das Wettrüsten zu stoppen, den menschlichen Lebensraum zu verbessern, die Bevölkerungsexplosion niedrig zu halten und den notwendigen Impuls zur Entwicklung zu geben. Wenn eine solche weltweite Partnerschaft innerhalb der nächsten zehn Jahre nicht zustandekommt, so werden, fürchte ich, die erwähnten Probleme derartige Ausmaße erreicht haben, daß ihre Bewältigung menschliche Fähigkeiten übersteigt."
Nun, die geforderte weltweite Partnerschaft im vergangenen Jahrzehnt ist nicht zustandegekommen; viele Verantwortliche in Poli-

tik und Wirtschaft haben im Gegenteil die erbarmungslose Offenlegung der gegenwärtigen Weltlage durch den Club of Rome als Schwarzmalerei und Kassandrarufe abqualifiziert und die notwendigen Kurskorrekturen mit dem Hinweis auf politische und wirtschaftliche Sachzwänge verhindert. Die alten Streitigkeiten sind verschärft worden, und die von U Thant genannten Probleme haben beängstigende Ausmaße angenommen:
Im Jahre 1900 betrug die Weltbevölkerung ungefähr 1,6 Milliarden Menschen, 1975 wurde die 4-Milliarden-Grenze überschritten, und nach mittelfristigen Hochrechnungen müßten im Jahre 2000 6,3 Milliarden Menschen auf der Erde leben. Da die Nachfrage nach Nahrungsmitteln, Dienstleistungen und Wohlstand gewaltig zugenommen hat, kann man ausrechnen, daß am Ende des Jahrhunderts der Bedarf an Gütern so groß wäre wie derjenige von 60 Milliarden Menschen aus dem Jahre 1900.
Wird die Erde diese ungeheure Belastung ertragen können?
Die Welt ist zu einer bewaffneten Festung unvorstellbaren Ausmaßes geworden; das Wettrüsten hat sich auch von den Großmächten auf die Länder der Dritten Welt ausgedehnt. Es hat gar keinen Sinn mehr, Zahlen über Rüstungsausgaben, Interkontinental- und Mittelstreckenraketen mit Atomsprengköpfen und die Overkill-Kapazität der Massenvernichtungswaffen anzugeben. Die Zahlen sind so phantastisch, daß es keine Rolle mehr spielt, ob sie doppelt oder halb so groß sind.
Dürfen wir angesichts dieses weltweiten Rüstens noch weiter auf das Gleichgewicht des Schreckens hoffen?
Der Mensch lebte ursprünglich als Glied der Natur im ökologischen Gleichgewicht mit einer biologischen Evolution von Jahrmillionen. Seiner Kreativität und Geschicklichkeit verdankt er einen spektakulären Aufstieg, der erst in neuester Zeit zu einer Übernutzung und Zerstörung unserer natürlichen Umwelt geführt hat, da wir heute über mehr Macht als Weisheit verfügen. Das Hauptproblem ist nicht einmal, daß unersetzliche Rohstoffe wie Erdöl oder Metalle ausgehen könnten, sondern die Vernichtung unserer biologischen Lebensgrundlagen schlechthin. So wird gegenwärtig täglich eine Fläche von der Größe des Bodensees der

für das Klima der Erde wichtigen tropischen Regenwälder abgeholzt und damit rund der Hälfte aller Tier- und Pflanzenarten der Lebensraum immer mehr entzogen. Deshalb stellt Peccei die Frage:

„*Kann der Mensch den Teufelskreis erkennen, in den er geraten ist, und die äußerste Anstrengung unternehmen, aus ihm auszubrechen, bevor es zu spät ist?*"

Nachdem der von Uno-Generalsekretär U Thant an die Entscheidungsträger in aller Welt gerichtete Appell wirkungslos geblieben ist, wenden sich die beiden neuesten Berichte des Club of Rome für die achtziger Jahre an die breite Öffentlichkeit und damit an *jeden einzelnen Menschen* mit der Aufforderung, für die globalen Probleme aufzuwachen und die Gestaltung der Zukunft nicht den Materialisten und Technokraten zu überlassen, sondern selbst in die Hand zu nehmen. *Jeder Mensch muß durch ein lebenslanges Lernen das Dilemma abbauen, in das wir durch ein überholtes, wirklichkeitsfremdes Denken geraten sind, das liliputanerhafte Bild eines in eine unbedeutende Weltecke abgedrängten Menschen überwinden und die wahre Bestimmung des Menschen im Weltgeschehen suchen.* Aurelio Peccei formuliert diese *Aufgabe* wie folgt:

„Ein neues Denken ist dringend erforderlich. Um den Menschen zu retten, muß es ihn verändern, ihn in die Lage versetzen, den Imperativen unserer Zeit zu begegnen und die Rolle auszufüllen, die ihm aufgrund seiner Macht und seiner Verantwortung in der Welt zukommt. Dieses Denken muß eminent humanistisch sein. Nur ein neuer Humanismus kann dieses halbe Wunder bewirken und die Wiedergeburt des Geistes im Menschen veranlassen.

Dieser neue, dem technologischen Zeitalter angemessene Humanismus, muß eine radikale Erneuerung mit sich bringen und Prinzipien und Normen umstoßen, die wir bislang als unantastbar betrachtet haben; er muß die Entstehung neuer Wertsysteme befördern und neue geistige, ethische, philosophische, soziale, politische, ästhetische und künstlerische Motivationen schaffen, die unser inneres Gleichgewicht wieder herstellen; und er muß in uns wieder die Liebe, die Freundschaft, das Verständnis, die Solidarität, den Opfermut und die Gastfreundschaft als höchste Güter und Bedürfnisse verankern und uns das Gefühl vermitteln, daß wir um so mehr gewinnen, je mehr uns diese Güter und Bedürfnisse mit unseren Brüdern und Schwestern und den anderen Lebewesen auf der Welt verbinden. Die Heranbildung dieses Humanismus wird jedoch zweifelsohne ein mühevoller Prozeß sein, der gegen viele Widerstände zu kämpfen haben wird."

Ist die Anthroposophie der neue Humanismus?

Wer nun darauf hinweist, daß die Anthroposophie Rudolf Steiners dieser neue, dem technologischen Zeitalter angemessene Humanismus sei, wie ihn Aurelio Peccei fordert, muß zugleich auch deutlich machen, warum die am Anfang des Jahrhunderts von Rudolf Steiner begründete *Wissenschaft vom Menschen* (griech. anthropos = Mensch, sophia = Weisheit) nicht längst allgemeine Anerkennung gefunden und unsere Kultur verwandelt hat wie seinerzeit die von Galilei begründete Naturwissenschaft.
Da müssen wir zunächst hinblicken auf die *Wende vom mittelalterlich-religiösen zum neuzeitlich-naturwissenschaftlichen Denken,* das sich auch nicht ohne harte geistige Kämpfe vollzog. So mußte Galilei mit seinem nach Eigenständigkeit ringenden Forscherdrang schwer gegen die Autorität der Kirche und der buchstabengläubigen Gelehrten des ausgehenden Mittelalters ankämpfen, die nur anerkennen wollten, was im Wissenskosmos antiker Schriften – etwa des Aristoteles – aufgezeichnet war. Schließlich mußte Galilei seine durch eigenes Beobachten und Denken gewonnene Überzeugung von der Bewegung der Erde vor den versammelten Kardinälen und Inquisitoren in erniedrigendster Weise auf den Knien abschwören.

Diese *Konfrontation der jungen Naturwissenschaft mit der etablierten Kirche* und die *niederschmetternde Erfahrung von der Ohnmacht persönlich erkannter Wahrheit gegenüber dem Dogma* (griech. dogma = Meinung) einer mächtigen Institution hatte eine für das Verständnis der Gegenwartskrise entscheidende Konsequenz, die Galilei in einem Brief an den Verleger Markus Welser wie folgt umschrieb:
„So viel ich meine, brauchen wir uns nicht völlig von der Betrach-

tung auch der von uns sehr weit entfernten Dinge abzuwenden, wenn wir uns nur vorher entschlossen haben, am liebsten jeden Akt der Spekulation allen anderen unserer Beschäftigungen hintanzustellen. Denn entweder wollen wir spekulativ versuchen, das wahre und innere Wesen der natürlichen Substanzen zu durchdringen, oder wir wollen uns mit der Kenntnis einiger ihrer Erscheinungen begnügen. In das Wesen einzudringen, halte ich ebenso für ein unmögliches Unterfangen wie eine leere Mühe bei den nächsten elementaren und bei den entferntesten, himmlischen Substanzen ... Solche Erkenntnis zu gewinnen, ist für den Zustand der Seligkeit aufgespart und nicht vorher möglich."

In dieser einschneidenden *Beschränkung der Naturwissenschaft auf die Kenntnis einiger Erscheinungen der Schöpfung* (Galilei benützt den alten, naturphilosophischen Begriff Substanz) und der *Ausschließung einer Erkenntnis des wahren und inneren Wesens der Dinge* liegen sowohl die beispiellosen Erfolge als auch die bedrohlichen Kehrseiten unserer naturwissenschaftlich-technischen Zivilisation begründet:

Denn die Hintanstellung der schwierigen Rätselfragen nach dem Wesen der Naturgeschöpfe und des Menschen hat Energien für eine erfolgreiche und atemraubende Erforschung und technische Beherrschung der Stoffe und Kräfte der Natur freigesetzt.

Andererseits hatte diese Beschränkung der Wissenschaft auf die den Sinnen zugängliche Erscheinungswelt den *Materialismus* zur Folge, wonach nur die Materie und ihre Bewegungen real existieren und die seelisch-geistigen Erfahrungen des Menschen – Vorstellungen, Empfindungen, moralische Werte, Willensimpulse usw. – nur subjektive Reaktionen auf die objektiven Vorgänge in der Materie sein sollen: Die Konsequenzen einer materialistischen Wissenschaft und Lebenseinstellung erleben wir von Jahr zu Jahr immer erschreckender als Niedergangserscheinungen unserer Kultur: mangelnde Ehrfurcht vor der Schöpfung und dem Leben, Zerstörung der Natur, Mißachtung der Menschenrechte, Terrorismus usw.

Aus solchen Einsichten geht hervor, daß wir uns heute wie zur Zeit Galileis wieder an einer *Zeitenwende* befinden, in der das *überholte, materialistische Denken* durch ein *neues eminent humanistisches Denken* abgelöst werden muß, das den Imperativen unseres technologischen Zeitalters gewachsen ist. Ebenso überzeugend zeigt sich, daß der Materialismus nur überwunden werden kann, wenn die von Galilei der Wissenschaft auferlegte Beschränkung aufgehoben und eine *geistige Welt- und Menschen-Erkenntnis als dringliche Zeit-Not-Wendigkeit* erkannt wird. Allerdings muß auch eingesehen werden, daß der Weg, den die Menschheit mit der neuzeitlichen Naturwissenschaft eingeschlagen hat, nur dann eine richtige Fortsetzung finden kann, wenn Galileis Befürchtung unzutreffend ist, daß das wahre und innere Wesen der Welt und des Menschen nur durch Spekulationen (gedankliche Entwürfe ohne sichere Erkenntnisgrundlage) zugänglich sei. Wenn Galilei in seinem Brief davon spricht, daß höhere Erkenntnis für den Zustand der Seligkeit aufgespart und nicht vorher möglich sei, so anerkannte er damals die Kirche als die Autorität, welche für die höheren, religiösen Wahrheiten zuständig war. Sie überlieferte dem Volk dogmatisch die Glaubensinhalte, welche begnadeten Menschen im Zustand der Seligkeit durch göttliche Offenbarung zuteil geworden waren (siehe Tab. 1).

Tabelle 1: Die großen Zeitenwenden

Antike/Mittelalter	Neuzeit	Zukunft
1600	2000	
Religion **Offenbarungen an begnadete Menschen** **Priester** **Dogma der Offenbarung** **Theozentrisches Weltbild** **Mensch als Kind Gottes**	**Naturwissenschaft** **Beschränkte Erkenntnis der materiellen Welt** **Naturforscher** **Dogma der Sinneserfahrung** **Physikozentrisches Weltbild** **Mensch als höchstes Tier**	**Geisteswissenschaft** **Umfassende Erkenntnis von Welt und Mensch** **Geistesforscher** **Autonomer Mensch** **Anthropozentrisches Weltbild** **Der Mensch als Mittler zwischen Geist und Materie**

Mit dieser *Trennung von Wissenschaft und Religion* wurde damals im Menschen der Zwiespalt zwischen Wissen und Glauben, Kopf und Herz verankert. Wissenschaft und Religion gingen seither getrennte Wege, jene von Erfolg zu Erfolg vorwärtsstürmend, diese retardierend, immer mehr an Einfluß verlierend.

Hier ist es nun, wo aus verständlichen Gründen gegen die Anthroposophie *Einwände* erhoben werden, die ihren Durchbruch bisher verhinderten (nicht unwichtig ist in diesem Zusammenhang, daß die Kirche die Werke von Kopernikus und Galilei erst 1835 vom Index der verbotenen Bücher gestrichen hat). Die Anthroposophie möchte nämlich den Zwiespalt zwischen Wissen und Glauben dadurch überwinden, daß sie *eine geistige Welt- und Menschen-Erkenntnis auf ebenso sicherer Erkenntnisgrundlage wie die Naturwissenschaft anstrebt.* Die genannten Einwände kommen von zwei Seiten:

Geistliche und religiös gesinnte Menschen lehnen die Anthroposophie ab, weil ihnen der Versuch, ein selbständiges Erkennen auf das Geistig-Göttliche auszudehnen, als eine mit christlichen Grundsätzen unvereinbare Vermessenheit vorkommt. Sie wollen in geistlich-religiösen Fragen am *Dogma der Offenbarung* festhalten. (Anm. 2)

Wissenschaftler und fortschrittlich gesinnte Menschen lehnen die Anthroposophie ab, weil sie ihnen als ein geschlossener Wissenskosmos vorkommt, den, wie sie meinen, die Anhänger Steiners wie „Schriftgelehrte" kommentieren und dem keine eigenen Erkenntnisse beizufügen seien. Das anthroposophische Welt- und Menschenbild ist für sie außerdem reine Spekulation, da sie am Dogma der *Sinneserfahrung* festhalten und eine sichere geistige Erfahrung für unmöglich halten. (Anm. 3)

Nun, diejenigen, die sich an der Anthroposophie orientieren, müssen diese Einwände ernst nehmen, wenn sie den von der neuzeitlichen Naturwissenschaft eingeschlagenen Weg in richtiger Art fortsetzen und nicht in Denkformen des Mittelalters zurückfallen wollen. Die Gefahr eines blinden Fürwahrhaltens der Forschungsergebnisse und Mitteilungen Rudolf Steiners in der Art des religiösen Dogmenglaubens ist groß und läßt deshalb viele Menschen vor einer Auseinandersetzung mit der Anthroposophie zurückschrekken. Aber die von Jahr zu Jahr größer werdende Not unserer im Niedergang befindlichen Zivilisation wird doch immer mehr Menschen veranlassen, in der Geisteswissenschaft Rudolf Steiners nach Wegen zu einer Gesundung unserer kranken Kultur zu suchen.

Rudolf Steiners Leben und Werk

Es ist kaum möglich, das Leben und das Werk dieses außergewöhnlichen Menschen auf wenigen Seiten einigermaßen zu beschreiben; trotzdem soll hier einleitend eine kurze Lebensskizze gegeben werden. Rudolf Steiner hat in seinen letzten Lebensjahren selbst seinen „Lebensgang" (GA 28, Anm. 4) aufgezeichnet, der jedoch mit dem Jahre 1907 abbricht, weil der Tod ihn ereilte. Viele Schüler haben Biographien und Erinnerungen ihrer Begegnung Rudolf Steiners verfaßt, von denen hier nur die gut lesbare und mit vielen Photographien illustrierte Monographie von Johannes Hemleben erwähnt sei (Anm. 5). Hemleben unterteilt das Leben Rudolf Steiners in 6 Lebensabschnitte:

1861-1879: Kindheit und Jugend

Rudolf Steiner wurde als erstes von drei Geschwistern am 27. Februar 1861 in Kraljevec geboren, das damals zu Ungarn und heute zu Jugoslawien gehört. Beide Eltern stammten aus Niederösterreich; der Vater war Beamter der österreichischen Südbahn. Rudolf verbrachte seine Kindheit vom 2. bis 8. Lebensjahr in Pottschach, wo er ebenso von der anmutigen Natur wie vom Eisenbahnbetrieb im kleinen Bahnhof tief beeindruckt war. Seine Jugend verlebte er in Neudörfl im Burgenland, wohin sein Vater versetzt worden war. In der fünfklassigen Dorfschule unterrichtete ein Hilfslehrer, von dem der Knabe ein Geometriebuch auslieh, das ihm glückliche Stunden bereitete, weil er rein im Geiste geometrische Zusammenhänge vorstellen und erfassen konnte. Sonst blieb er aber in bezug auf viele Begegnungen und Erlebnisse voller

Fragen ganz allein auf sich gestellt. Von 1872 bis 1879 besuchte er in Wiener Neustadt die Realschule und bestand dort das Abitur mit Auszeichnung.

1879-1890: Wiener Studienjahre

Um seinem Sohn ein Ingenieurstudium an der Technischen Hochschule in Wien zu ermöglichen, ließ sich der Vater nach Inzersdorf vor Wien in eine unschöne Umgebung versetzen. Rudolf Steiner studierte aber nicht nur naturwissenschaftliche Fächer wie Mathematik, Physik, Chemie und Biologie, sondern belegte auch geisteswissenschaftliche Vorlesungen wie deutsche Literatur bei Karl Julius Schroer, Philosophie beim Herbartianer Robert Zimmermann und bei Franz Brentano und benutzte neben dem Studium und den für seinen Lebensunterhalt erteilten Privatstunden auch eifrig die Hochschulbibliothek, um sich das Wissen seiner Zeit anzueignen. Durch seinen verehrten Lehrer Schroer angeregt, beschäftigte er sich auch intensiv mit Goethe und wurde als Zweiundzwanzigjähriger mit der Herausgabe der wenig bekannten Naturwissenschaftlichen Schriften für Kürschners Nationalliteratur beauftragt. Die große Aufgabe, der Zeitwelt Goethe auch als *Naturforscher* nahezubringen, beschäftigte Steiner auch während seines dritten Lebensabschnittes.

1890-1897: Weimarer Zeit

Im Herbst 1890 wurde Rudolf Steiner ständiger Mitarbeiter am *Goethe-Schiller-Archiv in Weimar.* Neben der Herausgabe der Naturwissenschaftlichen Schriften Goethes (GA 1) hatte er auch Begegnungen mit bedeutenden Zeitgenossen wie Hermann Grimm, Hermann von Helmholtz, Ernst Haeckel und Friedrich Nietzsche. In dieser Weimarer Zeit erarbeitete Rudolf Steiner die erkenntnistheoretisch-philosophischen Grundlagen seiner späteren Anthroposophie. Im Jahre 1891 promovierte er in Rostok als Doktor der

Philosophie mit dem Thema „Die Grundfrage der Erkenntnistheorie mit besonderer Rücksicht auf Fichtes Wissenschaftslehre.“ Die Dissertation erschien später unter dem Titel „Wahrheit und Wissenschaft“ (GA 3). 1894 veröffentlichte er sein philosophisches Grundwerk „Die Philosophie der Freiheit“ (GA 4), in welchem er sich mit den verschiedenen philosophischen Strömungen seiner Zeit gründlich auseinandersetzte und die Erkenntnisgrundlagen für eine Wissenschaft vom Menschen erarbeitete. Im „Lebensgang“ faßte er sein Anliegen an einer Stelle wie folgt zusammen: „Meine Philosophie der Freiheit ist in einem Erleben begründet, das in der Verständigung des menschlichen Bewußtseins mit sich selbst besteht. Im Wollen wird die Freiheit geübt, im Fühlen wird sie erlebt, im Denken wird sie erkannt.“

1897-1901: Erste Berliner Jahre

Mit der Übersiedlung nach Berlin begann für Rudolf Steiner eine vielseitige und unermüdliche Aktivität durch Vortragskurse und Ansprachen in den verschiedensten privaten und öffentlichen Kreisen Berlins und durch Publikation von Aufsätzen in Zeitschriften wie „Das Magazin für Literatur“. Von 1899 bis 1904 war er Lehrer an der Arbeiter-Bildungsschule und fand in seinen Vorträgen, Kursen und Redeübungen viele dankbare Teilnehmer. Diese Berliner Jahre waren für Rudolf Steiner aber auch eine Zeit geistiger Prüfungen, da seine Tätigkeit nicht nur auf Anerkennung, sondern auch auf große Widerstände stieß. Er suchte damals nach Formen, um sein Anliegen an die Menschen heranzubringen, und rang mit der Frage: „Muß man verstummen?“

1901-1923: Die Ausbildung der Anthroposophie

Nach der Jahrhundertwende fand Rudolf Steiner unter Mitgliedern der Theosophischen Gesellschaft (1875 durch H. P. Blavatsky in New York gegründet) Menschen, die für seine geistigen Forschungen empfänglich waren. Er hielt im Hause des Grafen und der Gräfin Brockdorff in Berlin Vorträge über Friedrich Nietzsche und Goethes geheime Offenbarung. Hier entstanden auch seine Werke über „Die Mystik im Aufgange des neuzeitlichen Geisteslebens und ihr Verhältnis zur modernen Weltanschauung" (GA 7) und „Das Christentum als mystische Tatsache und die Mysterien des Altertums" (GA 8). Diese beiden Themen zeigen deutlich, wie bewußt Rudolf Steiner im Gegensatz zu der aus östlicher Weisheit stammenden Theosophie seinen geistigen Ansatz im Kulturleben des Abendlandes und des Christentums legte. 1902 trat er unter der Voraussetzung, seine eigenen Anschauungen als Anthroposophie völlig frei vertreten zu können in die Theosophische Gesellschaft ein und wurde Generalsekretär der neu gegründeten deutschen Sektion. Hier begegnete er seiner Lebensgefährtin *Marie von Sivers*, die ihm unermüdlich helfend zur Seite stand und mit der er sich am 24. Dezember 1914 vermählte. In den Jahren 1902 bis 1909 weitete er seine außerordentliche Vortragstätigkeit über ganz Europa aus (Rudolf Steiner hat im Laufe seines Lebens an die 6000 Vorträge gehalten) und gab mit Marie von Sivers die Zeitschrift „Lucifer-Gnosis" heraus, in der Aufsatzreihen erschienen, die später als Bücher ausgearbeitet wurden. Die grundlegenden anthroposophischen Werke wurden in den folgenden Jahren veröffentlicht:

1904: Theosophie, Einführung in übersinnliche Welterkenntnis und Menschenbestimmung (GA 9)
1909: Wie erlangt man Erkenntnisse der höheren Welten? (GA 10)
1909: Aus der Akasha-Chronik (GA 11)
1909: Die Geheimwissenschaft im Umriß (GA 13)

Nachdem Rudolf Steiner im Jahre 1907 dem französischen Schriftsteller *Edouard Schuré* begegnet war, fand auch die Kunst Eingang in sein Schaffen, weil die Bildersprache der Kunstformen die geistigen Inhalte lebendiger zum Ausdruck bringen kann als Gedanken. An den theosophischen Kongressen in München wurden von 1907 bis 1913 zwei Mysteriendramen von Schure und die vier Mysteriendramen von Steiner (GA 14) aufgeführt, in denen Menschenschicksale auf dem Wege zur Geisterkenntnis dar-

gestellt werden. Hierfür mußten verschiedene Kunstformen wie die *Sprachgestaltung*, die *Bewegungskunst* und die *dramatische Kunst* erneuert oder neu begründet werden.
Nachdem Rudolf Steiner und Marie von Sivers wegen grundsätzlichen Differenzen aus der Theosophischen Gesellschaft ausgeschlossen worden waren, begründeten sie die *Anthroposophische Gesellschaft* und fanden an der Dreiländerecke bei Basel in Dornach ein Grundstück, um ein eigenes Zentrum für die anthroposophische Bewegung zu errichten. Das erste „*Goetheanum*" war ein auf einem Betonsockel erstellter Holzbau, für den ungewöhnliche mathematische und technische Probleme zu meistern waren, um zwei ineinandergreifende große Kuppeln über der Bühne und dem 1000 Personen fassenden Zuschauerraum zu errichten. Unter der Leitung Rudolf Steiners arbeiteten Angehörige aus 17 Nationen an diesem ungewöhnlichen Bau, in welchem neue Wege der Architektur, Plastik und Malerei beschritten wurden. Durch Brandstiftung brannte der Holzbau in der Silvesternacht 1922/23 vollständig nieder. Ein Neubau aus Beton wurde erst nach Steiners Tod nach dessen Plänen in den Jahren 1928/29 fertiggestellt.
Die Zeit von 1917 bis 1924 war nebst einer immer größer gewordenen Vortragstätigkeit der Begründung verschiedener Tochterbewegungen gewidmet, die aus der Anthroposophie als Mutterbewegung hervorgegangen sind und die hier nur aufgezählt werden können:
1918: Dreigliederung des sozialen Organsimus, soziale Erneuerungsbewegung
1919: Erste Waldorfschule in Stuttgart, pädagogische Erneuerungsbewegung
1920: Erweiterung der Heilkunst nach geisteswissenschaftlichen Erkenntnissen
1922: Gründung der Christengemeinschaft, religiöse Erneuerungsbewegung
1924: Gründung des heilpädagogischen Institutes Lauenstein als Beginn einer heilpädagogischen Bewegung
1924: Begründung der biologisch-dynamischen Landwirtschaftsweise

1923-1925: Die letzten Lebensjahre

In den Nachkriegsjahren war die Mitgliederzahl der Anthroposophischen Gesellschaft erheblich angestiegen, und die menschlichen Schwierigkeiten, die dadurch auch immer mehr hervortraten, erfüllten Rudolf Steiner mit Sorge. Jüngere Mitglieder begegneten älteren Anthroposophen, die es teilweise schwer hatten, gewisse Allüren der theosophischen Epoche abzulegen, mit offener Kritik. Es gab auch Mitglieder, die materialistische Denkgewohnheiten in die Arbeit der Gesellschaft hineintrugen und die Anthroposophie dadurch verfälschten. Aber auch enger Sektierergeist ließ sich nicht immer fernhalten; außerdem wurde Rudolf Steiner von außenstehenden konfessionellen und anderen Kreisen teilweise heftig angegriffen. Diese Gegnerschaft gipfelte schließlich in der Brandlegung des alten Goetheanums.

Nach solchen schweren Prüfungen entschloß sich Rudolf Steiner an der Weihnachtstagung 1923, die Gesellschaft zu erneuern und mit einem Stab von einigen Mitarbeitern selbst als Vorsitzender zu leiten. Aber ein Leiden, das am 1. Januar 1924 erstmals auftrat, gönnte ihm nur noch kurze Zeit, um diese Erneuerung durchzuführen. Ende September 1924 wurde er auf das Krankenbett gezwungen, von dem er sich bis zu seinem Tode am 30. März 1925 nicht mehr erheben konnte. In diesen 15 Monaten leistete er aber doch noch eine überwältigende Arbeit und hielt noch 338 Vorträge und 68 Ansprachen. Teilweise auf dem Krankenbett verfaßte er noch seinen „Lebensgang" (GA 26) und zusammen mit der holländischen Ärztin Dr. Ita Wegmann das Buch „Grundlegendes für eine Erweiterung der Heilkunst nach geisteswissenschaftlichen Erkenntnissen" (GA 27).

Die Schwierigkeit, Rudolf Steiner und seine Geisteswissenschaft als zukunftweisenden, aus dem Niedergang in einen neuen Aufgang führenden Humanismus anzuerkennen, wie das an der Wende zur Neuzeit gegenüber der Naturwissenschaft geschah, besteht hauptsächlich darin, daß die Gefahr eines Autoritätsglaubens und einer sektiererischen Anhängerschaft gegenüber Rudolf Steiner eine überaus große ist. Wie sehr man als Zeitgenosse dieser üblen

Verirrung entgegentreten sollte, hat Rudolf Steiner selbst einmal in einem Vortrag über „Die Wege der übersinnlichen Erkenntnis" (GA 62) am 21. November 1912 ausgesprochen:
„Je mehr man es dahin bringt, den Geistesforscher nicht als Autorität zu nehmen, sondern sich auf den gesunden Menschenverstand zu verlassen, alles zu prüfen, und je mehr man alles, was der Geistesforscher sagt, daran bemißt, wenn man es mit dem Leben vergleicht, je mehr man das tut, desto mehr steht man auf einem gesunden Boden . . . Aus diesem Grunde sollte die üble Gewohnheit, die so sehr die Wege zur übersinnlichen Erkenntnis verlegt, ganz und gar bei denen ausgetilgt werden, welche an solche Erkenntnis herantreten wollen: daß man den Geistesforscher, der in die geistige Welt hineinzuschauen vermag, deshalb, weil er dies kann, für eine besondere Autorität, für etwas Besonderes hält. Dadurch wird Autoritätsglaube und eine blinde Anhängerschaft hervorgerufen, die schon schlimm genug sind auf anderen Gebieten, die aber am allerschlimmsten sind auf dem Gebiete geisteswissenschaftlicher Forschung."
Diese Sätze zeigen deutlich genug, welche Haltung wir gegenüber Rudolf Steiner anzustreben haben. Sie enthalten aber auch eine Aussage, die für den Charakter und das Verständnis der Anthroposophie von grundlegender Bedeutung ist und von den oben schon erwähnten Kritikern zumeist übersehen wird. Es ist die Rede vom Geistesforscher, der in die geistige Welt hineinzuschauen vermag und seine Forschungsergebnisse in Form von Mitteilungen weitergibt. Auch der Naturforscher, der im Sinne Galileis die Sinneswelt beobachtet und durch Experimente genauer erkundet, kommt zu Forschungsresultaten, die er in wissenschaftlichen Artikeln und Lehrbüchern veröffentlicht. In beiden Fällen steht der Lernende und Studierende als Schüler einem Lehrer gegenüber, der wissenschaftliche Ergebnisse eigener oder fremder Forschung vermittelt und lehrt. Aber in der *Natur- bzw. Geistesforschung steht der Schüler gegenüber den beiden Grundtätigkeiten jeder wissenschaftlichen Erkenntnis – dem Beobachten und Denken – in einem umgekehrten Verhältnis:*
Die *Wahrnehmungsorgane für die Beobachtung sinnlicher Tat-*

sachen, die Gegenstand der Naturforschung sind, *sind uns angeboren.* In den ersten Lebensjahren lebt sich das Kind mit seinen Sinnesorganen in die sinnliche Umwelt ein. Niemand braucht uns die Sinnestatsachen zu beweisen, sie sind uns selbstverständlich gegeben.

Für die Beobachtung übersinnlicher (geistiger) Tatsachen, die Gegenstand der Geistesforschung sind, *fehlen uns zunächst Wahrnehmungsorgane.* Diese äußerst wichtige Tatsache hat zur Folge, daß *unserem Denken in der Geistesforschung eine Rolle zukommt, die in der Naturwissenschaft ganz unnötig ist.* In dieser hat das Denken insofern eine rein dienende Rolle, als es mit den Begriffen und Naturgesetzen nur etwas ausdrückt, was sinnenfällig wirklich ist. In seinen „Einleitungen zu Goethes naturwissenschaftlichen Schriften" meint Rudolf Steiner dazu:

„Es ist nichts im Begriffe, was nicht auch in der Erscheinung wäre, und nichts in der Erscheinung, was nicht auch im Begriffe wäre . . . Was wir erkennen wollen, ist äußere Anschauung, der Begriff, die zusammenfassende Einheit bloßes Mittel."

Für das Erkennen des Übersinnlich-Geistigen hingegen fällt dem Denken die zentrale Aufgabe zu, allmählich übersinnliche Wahrnehmungsorgane in der eigenen Seele zu erwecken.

Es kann sich also für den Geistesschüler niemals darum handeln, Mitteilungen des Geistesforschers wie religiöse Glaubensdogmen ungeprüft hinzunehmen, sondern vielmehr darum seine Mitteilungen und Darstellungen geistiger Wesen und Tatsachen als Anregungen aufzunehmen und durch eine Intensivierung und Verlebendigung des Denkens allmählich eigene Wahrnehmungsorgane für die Beobachtung des Übersinnlichen heranzubilden. Nur darf man als Geistesschüler nicht ungeduldig werden und rasche Fortschritte erwarten. Die *Pflege eines beweglichen und lebendigen Denkens,* das geistige Zusammenhänge wirklichkeitsnah vorzustellen vermag und Täuschungen und Abwege auszuschließen weiß, ist viel wichtiger als verfrühte, hellseherische Fähigkeiten.

Auf dieser ersten und wichtigen Stufe der Geistesschülerschaft sind wir keineswegs auf blindes Fürwahrhalten der Mitteilungen Rudolf Steiners angewiesen, sondern können auf unseren gesun-

den Menschenverstand vertrauen, wenn wir uns unbefangen und voruteilslos mit der Anthroposophie auseinandersetzen. In der Einleitung seiner „Theosophie" (GA 9) schreibt Steiner:
„Man braucht gewisse Fähigkeiten, um die Dinge, um die es sich handelt, *aufzufinden;* werden sie aber, nachdem sie aufgefunden sind, *mitgeteilt,* dann kann jeder Mensch sie verstehen, der *unbefangene Logik* und *gesundes Wahrheitsgefühl* anwenden will."
Ein häufiger Einwand gegen die Anthroposophie ist auch, sie *beweise* nicht, was sie *behauptet.* In der Naturwissenschaft werden Beweise wie von außen beigebracht, indem man mit Recht fordert, daß Dokumente vorgelegt oder Experimente gezeigt werden. Wenn jemand ein fernes unbekanntes Land bereist, beweist er durch Photos oder Filme, was er dort selbst gesehen hat. Solches „Beweismaterial" kann der Geistesforscher allerdings nicht beibringen, sowenig wie man einem Blindgeborenen die Welt der Formen und Farben beweisen kann, es sei denn, man kann ihn durch eine Operation sehend machen. Dieses Gleichnis trifft allerdings nur bedingt auf die Geisteswissenschaft zu; denn eine ernsthafte Auseinandersetzung mit Anthroposophie ist schon der Anfang eines Beweisens, indem man *die Forschungsergebnisse der Geisteswissenschaft an den sinnlich beobachtbaren Lebenstatsachen prüft und frägt:*
„Gibt es eine befriedigende Erklärung des Lebens, wenn die Dinge wahr sind, die da behauptet werden?" (GA 9, Seite 21)
Wer ungeduldig nach Beweisen und eigenen übersinnlichen Beobachtungen verlangt, bevor er sich auf Geisteswissenschaft einlassen will, dem muß entgegengehalten werden, daß sowenig, wie gesunde Sinne schon zum Naturforscher machen, so wenig hellseherisches Schauen schon zum Geisteswissenschaftler macht. *Erst die denkende, wissenschaftliche Durchdringung der beobachteten Tatsachen macht die Wissenschaft aus.* In unseren weiteren Ausführungen wollen wir nunmehr versuchen, einige grundlegende geisteswissenschaftliche Forschungsresultate darzustellen und mit unbefangener Logik und gesundem Wahrheitsgefühl am Leben zu prüfen.
Dabei muß in aller Deutlichkeit hervorgehoben werden, daß es

sich bei einer solchen Darstellung niemals um eine Werbung für Anthroposophie handeln kann, sondern um eine völlig freilassende Orientierung für interessierte Menschen.

Die Wesensglieder des Menschen

Die Wissenschaft vom Menschen behauptet, daß das, was wir mit den Sinnen an einem Menschen sehen, tasten usw. können, nur einen Teil, sozusagen „ein Viertel" des ganzen Menschenwesens ausmacht. Die übrigen „drei Viertel" sind *übersinnlicher* Natur. Nur den *physischen Leib* (griech. physis = Natur, natürlicher Leib) können wir mit unseren Sinnen wahrnehmen, die *höheren Wesensglieder* sind nur einer adäquateren hellseherischen Beobachtung zugänglich, in ihren Wirkensweisen aber auch im Sinnesbereich beobachtbar.
Wenn wir aber den Menschen nicht bloß äußerlich beobachten, wie der Anatom, der die einzelnen Organe des Körpers untersucht und bis in einzelne, nur mit dem Mikroskop sichtbare Zellen zerlegt, sondern auch die ganze Gestalt des Menschen betrachten und beobachten, wie er lebt, was er denkt, fühlt und will und dieses innere Leben vor allem auch an uns selber aufmerksam wahrnehmen, so werden wir einen durch die Lebenstatsachen begründeten Zugang zu den höheren, übersinnlichen Wesensgliedern finden können. Bei einer derartigen Menschenbetrachtung wird es notwendig und aufschlußreich sein, den Menschen mit den übrigen Naturreichen zu vergleichen und seine Sonderstellung innerhalb der Schöpfung zu erkennen.

Der physische Leib

Wenn der Anatom oder der Biochemiker den physischen Leib des Menschen (aber auch der Tieren und Pflanzen) untersucht, so findet er dieselben Stoffe und Kräfte, wie sie der Chemiker und der

Physiker in der *mineralischen, anorganischen Natur* finden. Kohlenstoff, Sauerstoff, Stickstoff und Wasserstoff und weitere chemische Elemente wie Kalzium, Natrium, Eisen usw. bauen den physischen Leib auf. Wenn wir aber die Substanzen und Formen eines lebenden Organismus mit denjenigen der toten, mineralischen Welt vergleichen, finden wir im ersteren die Stoffe in ganz anderer Zusammensetzung und Ordnung als in den Mineralien. Die tote Stoffeswelt strebt zur festen *Kristallgestalt* hin, in der ein einziger Stoff sich in einer klaren, von Flächen, Kanten und Ecken begrenzten Gestalt ausprägt. Das Leben dagegen kann sich nur in der flüssigen Phase entfalten – *ohne Wasser kein Leben!* Eine Vielzahl organischer Substanzen muß zusammenwirken, um den physischen Leib einer Pflanze, eines Tieres oder Menschen aufzubauen. Ein lebendiger Organismus entsteht nie durch einen Verfeinerungsprozeß aus Kristallen; vielmehr müssen durch gänzliche Auflösung in Wasser die anorganischen Kräfte zurücktreten, um für das Eingreifen des Lebensprinzipes Raum zu schaffen. Im vorangehenden wurde die für das Verständnis des Lebendigen notwendige *Richtung des Umdenkens* angedeutet: Die Eigengesetzlichkeit des Leblosen muß zurücktreten, damit die Stoffe dem aus einer höheren Sphäre hereinwirkenden Lebensprinzip dienen und in der Pflanzenwelt durch eine reichhaltigere Substanzen- und Formen-Mannigfaltigkeit eine schöpferische Steigerung des Naturdaseins ermöglichen können.
Die Pflanzen, Tiere und Menschen sind mit der toten, mineralischen Welt nur insofern verwandt, als sie *das Material für den Aufbau ihres physischen Leibes* aus dieser Welt entnehmen müssen; der *Bau und die Gestalt dieses Leibes sind aber in höheren, unsichtbaren Welten begründet.*

Der Äther- oder Lebensleib

Wenn wir einem schönen Haus oder Gebäude begegnen, werden wir nicht sagen: Wie erstaunlich haben sich da Steine zu einem Haus zusammengefügt! – sondern wir werden nach dem Architekten fragen, der es geplant, und nach dem Baumeister fragen, der es gebaut hat. Bestimmt werden sich Architekt und Baumeister ausfindig machen lassen, wenn wir uns von ihnen auch ein Haus bauen lassen möchten. Jedes Haus erfordert auch nach der Errichtung eine angemessene Pflege und den nötigen Unterhalt, wenn es nicht nach Jahren baufällig und mit der Zeit gar unbewohnbar werden soll.

Nun zeugt es nicht gerade von logischem Denken, wenn man bei Pflanzen, Tieren und Menschen solche „Architekten" und „Baumeister" leugnet, weil man sie nicht in gleicher Art wie beim Haus auffinden kann. Die biologische Forschung hat allerdings den in jeder Zelle vorhandenen genetischen Code entdeckt und glaubt, daß der *Bauplan eines Organismus* in den Genen der Chromosomen vollständig enthalten sei. Während man bei ganz einfachen Organismen wie Bakterien in der genetischen Forschung schon große Fortschritte erzielt hat, kennt man den Weg vom Code zur typischen Gestalt der Blätter oder Blüten einer Pflanze überhaupt noch nicht. Wenn eine Zelle im Verlaufe des Wachstums zu einer ganz spezialisierten Zelle wird, z. B. zu einer atmenden Blattzelle, realisiert sie eine in wenigen Genen des Bauplans liegende Einzelheit der ganzen Pflanze. Aber wer sagt der Zelle, daß sie hier und jetzt gerade diese und keine anderen Gene aktivieren soll?

Die Geisteswissenschaft teilt nun mit, daß in jedem Organismus während seines ganzen Lebens ein „Baumeister" wirksam ist, der den im genetischen Code aufgezeichneten Bauplan lesen und die durch Atmung und Ernährung aufgenommenen Stoffe zum planmäßigen Aufbau und Unterhalt des Organismus an den richtigen Ort leitet und die lebensnotwendigen Prozesse steuert. Sie nennt diesen „Baumeister" *Ätherleib, Lebensleib* oder *Bildekräfteleib.* Die Anthroposophie leugnet keineswegs den von den Biologen gefundenen genetischen Code in den Zellkernen; aber er genügt ebensowenig für den Aufbau des Organismus wie die Baupläne des Architekten für die Aufrichtung eines Hauses. Ohne den Baumeister und die Bauleute können noch so schöne Baupläne nie verwirklicht werden.

Die Notwendigkeit eines Ätherleibes als „Lebensbaumeister" des

Organismus kann auch an der Tatsache des Todes eingesehen werden. Wenn der Tod eintritt, beginnt der physische Leib zu verwesen und in wenigen Tagen deutlich zu zerfallen. Obwohl der genetische Code in den Zellen nach wie vor zur Verfügung steht, können im toten Organismus die chemischen und physikalischen Kräfte ihr Zerstörungswerk ungehindert anrichten und die physische Gestalt des Leibes auflösen. Diese Kräfte sind natürlich auch während des Lebens vorhanden, aber sie können dank der Aufbau- und Regenerationstätigkeit des Ätherleibes den physischen Leib nicht zerstören. Auch der Prozeß des allmählichen Alterns wird verständlich, wenn wir uns klarmachen, daß der Ätherleib während der Embryonalzeit und Kindheit den physischen Leib aufzubauen und später nur mehr dessen Gestalt aufrechtzuerhalten hat. Mit zunehmendem Alter lassen diese Lebensbildekräfte in ihrer Aktivität nach und können den langsamen Abbau des Leibes nicht mehr aufhalten.

Der Astral- oder Seelenleib

So wie uns eine Betrachtung des Gegensatzes von *Leben und Tod* auf ein erstes übersinnliches Wesensglied des Menschen, den Ätherleib, geführt hat, hängt ein weiteres Hüllenglied des Menschen mit den Bewußtseinszuständen von *Schlafen und Wachen* zusammen. Unsere ganze kulturelle und zivilisatorische Aktivität erfolgt im Wachzustande. Während des Schlafes hört unser Bewußtsein gänzlich auf, und wir wissen kaum, was während des Schlafes mit uns geschieht. Wir wissen nur, daß wir schlafen müssen, um gesund zu bleiben, und daß wir nach einem gesunden Schlaf ein erquickendes Wohlgefühl empfinden und unsere Aktivitäten des Vortages mit frischen Kräften fortsetzen können. Bekanntlich schläft der Säugling fast den ganzen Tag und wacht nur einige Male täglich für die Nahrungsaufnahme auf. Aus diesen wenigen Beobachtungen können wir entnehmen, daß der Ätherleib während des Schlafzustandes seine Aufbau- und Regenerationstätigkeit ungestört ausüben kann, während er im Wachzustande darin gehindert wird.

Wenn wir am Morgen aufwachen, öffnen wir die Augen und erfahren durch die Sinne unsere materielle Umwelt, die Natur und unsere Mitmenschen. Durch das Tor der Sinne tritt die äußere Umwelt in unser Bewußtsein. Wir sehen Formen und Farben, hören Geräusche und Töne, haben Wärme- und andere Sinnesempfindungen und erleben an unserer Umwelt Lust und Leid, Freude und Trauer. An der Außenwelt entzündet sich in uns ein *Innenleben,* das uns in ein persönliches Verhältnis zu ihr bringt. Aber nicht nur Empfindungen und Gefühle, sondern auch Begierden. Wünsche und Willensimpulse regen sich in uns und bestimmen unser Tun und Lassen, unsere Aktivitäten.

Die Geisteswissenschaft nennt den Träger dieser vielfältigen Innenerfahrungen den *Seelenleib* oder *Astralleib* (die Gründe für die Verknüpfung des Astralleibes mit der Sternenwelt werden wir später angeben), der das dritte Wesensglied des Menschen darstellt. Während die Pflanzen nur einen physischen und einen Ätherleib haben und sozusagen dauernd schlafen, haben die Tiere wie der Mensch auch einen Astralleib. Auch sie schlafen und wachen abwechslungsweise und nehmen im Wachzustande ihre Umwelt wahr, empfinden Lust und Leid, Wohl- und Mißbehagen und haben Triebe und Begierden.

Wenn man sich in solcher Art auf die Geisteswissenschaft einläßt, so kann man jetzt logisch folgern, daß im *Schlafzustand der Seelenleib den Menschen oder das Tier verläßt und im Bette oder an der Schlafstelle der physische und ätherische Leib* zurückbleiben, wobei der letztere seine Aufbau- und Regenerationstätigkeit ungestört ausüben kann. Der Seelenleib mit seinen Trieben, Begierden und Wünschen und den daraus folgenden Tätigkeiten und Handlungen wie Essen, Trinken, Fortbewegung usw. ist es, der die physischen Organe beansprucht, ermüdet und manchmal auch schädigt. Es ist oft erstaunlich, wieviel der physische Leib an Beanspruchungen und sogar Schädigungen durch eine ungesunde oder gar ausschweifende Lebensweise ertragen kann und wie weisheitsvoll der Ätherleib diese Belastungen immer wieder ausbessern kann. Andrerseits muß es uns nicht wundern, daß der Körper bei zu großen Belastungen, bei unvernünftiger Lebensweise dann doch erkranken kann und bleibende Schäden erleidet.

Das Ich

Nun besitzt der Mensch noch ein weiteres Wesensglied, das ihn über das Tierreich hinaushebt und ihn zur „Krone der Schöpfung" macht. (Angesichts der drohenden Selbstvernichtung, in die sich die Menschheit im 20. Jahrhundert hineinmanövriert hat, wird sich vielleicht manch einer gegen diese Charakterisierung des Menschen wehren, andrerseits hängt diese Bedrohung wiederum gerade mit jener besonderen Fähigkeit zusammen, die für diese Sonderstellung des Menschen verantwortlich ist). Wenn wir, wie wir zuvor durch die Betrachtung von Schlafen und Wachen zum Astralleib gelangten, nun den Gegensatz von *Vergessen und Erinnern* betrachten, kommen wir zum *vierten* Wesensglied des Menschen. Da wird man wohl sogleich den Einwand bekommen, daß doch auch die Tiere sich „erinnern" könnten, wenn etwa der Hund seinen Herrn wiedererkennt und begrüßt. Wenn man sich aber klarmacht, wie ein Kind oder ein Hund die Tür zu öffnen versuchen, so wird doch der wesentliche Unterschied zwischen menschlichem und tierischem Erinnern deutlich werden. Dem Hund gelingt es vielleicht durch Beißen, Kratzen und Drücken, also durch Probieren, eine Türe zu öffnen und zufällig Erfolg zu haben. Wie macht er es aber, wenn eine Tür nach innen und nicht nach außen aufgeht? Das Kind erinnert sich an seine bisherigen Erfahrungen und überlegt, wie es die Türe öffnen kann. Der Hund kann nicht auf Erfahrungen zurückgreifen und Überlegungen anstellen. Die Fähigkeit des Erinnerns ermöglicht es dem Menschen, *logisch und systematisch zu denken,* was wiederum die Voraussetzung für unsere *Zivilisations- und Kulturleistungen* ist. Die Ereignisse und Erlebnisse unseres Lebens müssen wir zwar immer wieder vergessen; aber in späteren ähnlichen Situationen erinnern wir uns an frühere Erfahrungen und können unser Handeln aufgrund derselben verbessern und korrigieren. Das *Vergessen ist aber doch eine lebensnotwendige Einrichtung:* So wie der Schlaf die Sorgen und Kümmernisse des Tages immer wieder auslöscht, breitet das Vergessen einen Schleier über unsere Lebensschicksale aus und löscht unsere Vergangenheit teilweise aus. Schlaf und Vergessen sind aber notwendig, damit wir neuen Erlebnissen frei und unbefangen gegenübertreten können.

Auf der Erinnerung beruht auch unsere *Lernfähigkeit.* Beim Lernen erweitern wir unsere Einsichten und Fähigkeiten, indem wir auf unseren bisherigen Erfahrungen aufbauen, die wir aus den Tiefen unseres Wesens durch die Erinnerung ins Bewußtsein heraufholen.

Während die Empfindungen, Triebe und Begierden bei den Tieren durch die Leibesorganisation und die vererbten Instinkte allein bestimmt sind, kann der Mensch sein Innenleben und Handeln durch *vernünftiges Denken* beeinflussen und veredeln. Das Wesensglied, das dem Menschen eine vernünftige und sinnvolle Lebensführung ermöglicht, wird in der Geisteswissenschaft das „*Ich*" genannt, weil es ihm ein höheres Bewußtsein als dasjenige der Tiere, ein sogenanntes *Selbstbewußtsein,* ermöglicht. Allerdings hat dieses menschliche Selbstbewußtsein die Eigentümlichkeit, daß es nicht kontinuierlich ist, sondern nur in den Wachenszeiten des Tages existiert und in den Schlafenszeiten der Nacht unterbrochen ist. Da das Bewußtsein der Tiere durch den Astralleib und das Selbstbewußtsein des Menschen durch das Ich entstehen, müssen wir die Frage beantworten, warum es während des Schlafes ausgelöscht ist. Wir haben oben schon gesehen, daß Astralleib und Ich den physischen und ätherischen Leib während des Schlafes verlassen. Daraus müssen wir schließen, daß offenbar die letzteren für die *Entzündung des Bewußtseins* verantwortlich sind. Die mit eindringlicher Intensität auf uns einstürmenden Sinneswahrnehmungen sind es, die unsere Bewußtseinskraft aufwekken. Man kann diesen Tatbestand an einem einfachen Gleichnis aus der Optik veranschaulichen: Wenn wir vor einem Spiegel stehen, so erkennen wir uns im Spiegelbild, er macht uns auf uns aufmerksam! Aber sowenig wie wir unser Spiegelbild mit dem sich spiegelnden Menschen verwechseln, dürfen wir unser Ich mit

dem *Spiegelbild* desselben verwechseln, das durch die Leibesorganisation, insbesondere durch das Gehirn, zustandekommt.
Im Verlaufe der kindlichen Entwicklung tritt für jeden Menschen einmal der Moment auf, wo er sich erstmals *als eigenes Wesen gegenüber der ganzen übrigen Welt erlebt.* Während das Kind sich bisher mit seinem Eigennamen bezeichnete, redet es plötzlich einmal mit dem Wörtchen „ich" von sich. Das Wörtchen „ich" macht unter allen übrigen Worten eine einzigartige Ausnahme. Jedermann kann den Stuhl „Stuhl" nennen, aber das Wort „ich" kann niemand verwenden, als wenn er sich selber damit meint. Dieses entscheidende Ereignis tritt durchschnittlich um das 3. Lebensjahr auf, und das ist auch der Zeitpunkt, bis zu dem wir uns zurückerinnern können. Unsere Geburt und die für das ganze Leben so wichtigen Lernprozesse der ersten Lebensjahre haben wir also vollkommen vergessen, wir können uns nicht mehr an sie zurückerinnern. Diese Lebenstatsache erhellt ein wichtiges Forschungsergebnis der Geisteswissenschaft, wonach die *Erinnerungsfähigkeit durch den Ätherleib* ermöglicht wird. In den ersten Lebensjahren ist der Ätherleib fast ausschließlich mit dem Aufbau des physischen Leibes beschäftigt, so daß er für das Festhalten von Erlebnissen keine freien Kräfte hat. Der aufmerksame Beobachter kann im weiteren Verlauf seines Lebens noch weitere Steigerungen seines Selbstbewußtseins erfahren, auf die wir aber hier nicht eingehen wollen.
Zusammenfassend können wir sagen, daß das *Ich des Menschen als viertes und höchstes Wesensglied* sozusagen als ein „Allerheiligstes" in den als Leibeshüllen aufzufassenden übrigen Wesensgliedern Astralleib, Ätherleib und physischer Leib lebt.

Die Gesetze der Polarität und Steigerung in den Naturreichen

Wir haben schon angedeutet, in welcher Richtung das Denken vertieft werden muß, um das Eingreifen des Lebensprinzips bei der Pflanzenbildung zu verstehen. Wir können das Leben in den höheren Naturreichen (Pflanze, Tier, Mensch) nicht durch ein eindimensionales Denken begreifen, das nur physikalische und chemische Vorgänge gelten lassen will, sondern müssen das Wirken höherer, übersinnlicher Kräftebereiche in der sichtbaren Stoffeswelt annehmen.

Der Aufstieg von einem Naturreich zum nächsthöheren ist immer nur aus der Polarität eines höheren und eines niedrigeren Wirklichkeitsbereiches erfaßbar, wobei eine Steigerung dadurch entsteht, daß die Eigengesetzlichkeiten des niedrigeren Bereichs zurückgedrängt und in den Dienst des höheren gestellt werden.

Dieses grundlegende Evolutionsprinzip soll in folgendem für die Übergänge vom Pflanzlichen zum Tierischen und von diesem zum Menschlichen weiterverfolgt werden. (Abb. 1, Seite 38) Welcher Natur sind die Kräfte, welche das *reine Leben der Pflanze zum tierischen Organismus* hinaufsteigern? Die Zelle als „Grundbaustein" des Lebens wird auch vom Tier übernommen und dient ihm beim Wachstum und bei der Fortpflanzung seiner Art. Aber der tierische Organismus zeigt einen völlig anderen Aufbau als die Pflanze. Während diese ihre Organe (Blätter, Blüten, Früchte) offen zur Schau trägt und den Umwelteinflüssen aussetzt, verbirgt das Tier die seinigen in einem körperlichen Hohlraum. Und während die Pflanze durch Wurzeln an einen Erdenort gebunden bleibt, kann sich das Tier frei über die Erde hin bewegen. Durch solche Emanzipation von der Umwelt wird *das Tier zu einer weitgehend in sich geschlossenen Ganzheit.* Diese beiden auffälligen

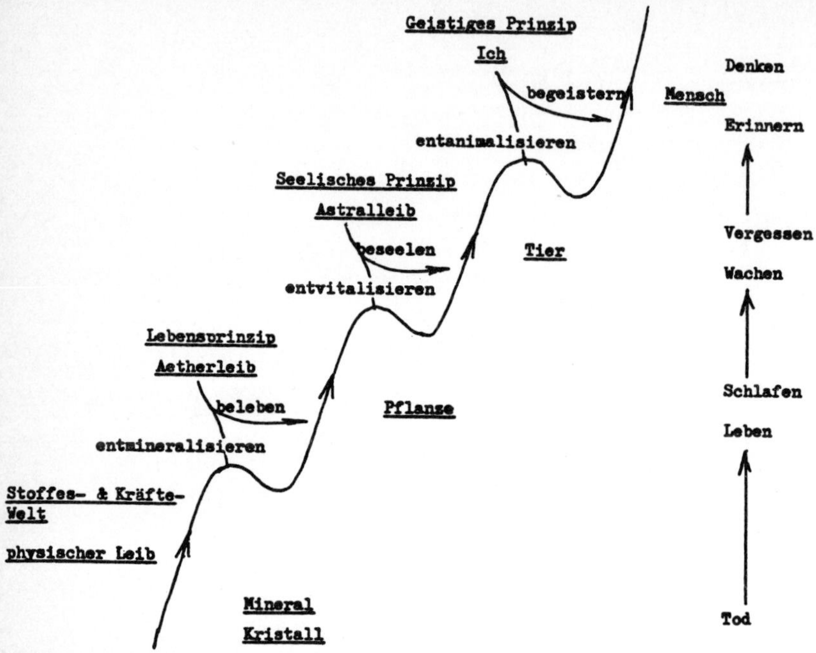

Abb. 1

Merkmale sind Ausdruck für das Eingreifen des Astralleibes. Die im Tierrreich maßgebende Polarität wird im Gegensatz der beiden Bewußtseinszustände Schlafen und Wachen sichtbar: Solange das Tier schläft, erinnert uns seine Ortsgebundenheit an die Schlafstelle an eine Pflanze, sobald es aufwacht, entzündet sich an den Sinneswahrnehmungen in der Außenwelt ein bewußtes inneres Leben und eine daran sich anschließende äußere Aktivität. Die Gestalt des Tieres, die Farbe des Felles oder des Federkleides, das Verhalten, die Lautäußerungen usw. sind Ausdruck dieses inneren, seelischen Lebens. Die Eitelkeit, mit der der Pfau sein Rad schlägt, oder die Treue, mit der der Hund seinem Herrn ergeben ist, wären in solcher Einseitigkeit bei einem Menschen unerträglich. Und wenn wir manchmal Menschen mit Tiernamen taxieren und sagen, jemand sei fromm wie eine Taube, träge wie ein Lama oder schlau wie der Fuchs, falsch wie die Schlange, so meinen wir damit, daß manchmal der menschliche Charakter solchen Einseitigkeiten verfallen kann.

Wenn der englische Ökologe Alister Hardy ein Buch mit dem Titel „Der Mensch – das betende Tier" (Anm. 6) veröffentlicht, so sträubt sich etwas in uns gegen eine solche Verknüpfung. Der Autor wollte damit aber andeuten, wie unsinnig es ist, den Menschen als ein Tier zu betrachten. Wenn der Biologe die tierische Evolution mit dem Menschen als „höchstem Tier" abschließen läßt, so bemerkt man den Widerspruch weniger, als wenn man ein Tier zum Schöpfer beten läßt. Wir stehen hier unmittelbar vor der Frage aller Fragen – wie sich der englische Biologe Thomas Henry Huxley einmal ausdrückte – nach dem *eigentlichen Wesen des Menschen* und nach dem *Unterschied von Mensch und Tier.* (Anm. 7) Rein biologisch kann man den Menschen nicht einfach einem vierten Naturreich zuweisen; denn während es eine große Zahl verschiedener Klassen, Familien und Arten sowohl im Pflanzen- als auch im Tierreich gibt, existiert nur eine einzige Menschengattung – in der Biologie als *Homo sapiens* (lat. sapienta = Weisheit) bezeichnet. Die biologischen Unterschiede der verschiedenen Menschenrassen sind so geringfügig, daß man sie nicht einmal mit den verschiedenen Hunderassen in Parallele setzen kann, die doch recht auffällige körperliche Unterschiede aufweisen.

Versuchen wir die hier eingeschlagene Betrachtungsweise zur Erfassung der *Steigerung vom Tier zum Menschen* fortzusetzen, so müssen wir einen vierten Kräftebereich aufsuchen, der den Menschen über das rein Tierische und Biologische hinauszuheben vermag. Trotz der unleugbaren Verwandtschaft des menschlichen Körpers mit den höheren Säugetieren müßte im Menschen ein so mächtiges Prinzip wirksam sein, daß die tierische Evolution gleichsam auf den Kopf gestellt und die rein tierischen Eigenschaften zurückgedrängt würden, damit das eigentlich Menschliche in Erscheinung treten kann. Die Notwendigkeit und Fruchtbarkeit solcher ungewöhnlicher Fragestellung zeigt sich an vielen Lebensphänomenen, die erst in neuerer Zeit vor allem durch den bedeutenden Basler Biologen Adolf Portmann herausgearbeitet worden sind.

Er stellt in einem seiner Aufsätze die merkwürdige Frage: „Ist der Mensch ein Mängelwesen?" (Anm. 8) und vergleicht Mensch und Tier in körperlicher und geistiger Hinsicht. Der Körper des Menschen steht in seinen Leistungen weit hinter den Tieren zurück: Er kann nicht fliegen wie die Vögel, ihm fehlt das schützende Haar- oder Federkleid, er hat weder die Kraft noch die mächtigen Pranken und Zähne der Raubtiere. Es gibt Tiere, die den Ultraschall hören (Fledermäuse), und solche, die sich nach dem polarisierten Himmelslicht orientieren können (Bienen). Der menschliche Körper ist durch eine embryonale Kopfform wie beim Schimpansenbaby, durch fünfstrahlige Gliedmaßen, ein harmonisches Gebiß mit ungefähr gleich großen Schneide-, Eck- und Mahlzähnen und einen einfachen Magen-Darm-Trakt usw. gekennzeichnet und steht weit hinter den stark spezialisierten Säugetierkörpern zurück. Diese Tiere besitzen empfindlichere Sinnesorgane, raschere Reaktionsfähigkeiten, große motorische Leistungsvermögen, für besondere Bewegungsarten spezialisierte Extremitäten wie Krallen, Hufe, Grabschaufeln, Schwimmflossen, Flügel usw., höhere Verdauungsleistungen und zuverlässigere Instinkte.

In seinem Körperbau steht der Mensch also *eher an der Wurzel als an der Spitze der Tierwelt.* Alle diese „Mängel" des Körpers, die der Mensch durch seine Intelligenz und Erfindungsgabe weit über die Tiere hinaus kompensiert, zeigen deutlich, daß man den Menschen nicht einfach als „höchstes Tier" an das Ende der Evolutionsreihe setzen darf. Der Glaube an die tierische Abstammung des Menschen ist wissenschaftlich unhaltbar; wir müssen lernen, das Verhältnis des Menschen zur Tierwelt in einem anderen Lichte zu sehen.

Diese zunächst unverständliche „Mängelausstattung" des menschlichen Körpers ist durch das Eingreifen des Ichprinzips verständlich. Hierzu müssen wir unsere Aufmerksamkeit auf die *einzigartig lange, zwei Jahrzehnte umfassende Kindheits- und Jugend-*

entwicklung des Menschen richten und mit der viel schnelleren, höchstens wenige Jahre beanspruchenden Entwicklung der Tiere bis zur Geschlechtsreife und Elternunabhängigkeit vergleichen. Die körperliche Entwicklung wird also beim Menschen gehemmt und entanimalisiert, damit er während seiner Kindheit und Jugend die spezifisch menschlichen Fähigkeiten erlernen kann, die den Tieren völlig abgehen und die Adolf Portmann als die *menschliche Trias von aufrechtem Gang, Sprechen und Denken* erkannt hat.
Diese im Verlaufe der ersten Lebensjahre erworbenen Fähigkeiten werden allerdings nicht wie beim Tier vererbt, sondern können nur in der Gemeinschaft mit Menschen angeeignet werden, wie die „Wolfskinder" deutlich gezeigt haben. Diese 1920 in Indien aufgefundenen Kinder waren durch eine Wölfin aufgezogen worden, gingen auf allen vieren, verschlangen die Nahrung roh und gierig, hatten einen ausgeprägten Geruchssinn und gaben Laute wie die Wölfe von sich. Etwa achtjährig in menschliche Gesellschaft zurückgebracht, konnten sie trotz eingehender Bemühung das aufrechte Gehen kaum und das Sprechen überhaupt nicht erlernen, weil es dazu bereits zu spät war. Andrerseits haben ausgedehnte Versuche mit Schimpansen, die dem Menschen körperlich wohl am nächsten stehen, gezeigt, daß auch bei den höchsten Tieren die Voraussetzungen für das Erlernen einer Sprache und des Denkens gänzlich fehlen, wobei man gewisse Dressurleistungen nicht mit diesen menschlichen Fähigkeiten verwechseln darf.
Wir können diese Tatsachen nur verstehen, wenn wir *beim Menschen einen vierten Kräftebereich* anerkennen, der die als Retardation bezeichnete Zurückhaltung der körperlichen Entwicklung bewirkt, um den *physischen Leib für die Inkarnation* (lat. carne = Fleisch) *des Ichs geeignet zu machen*. Verschiedene Forscher, Denker und Dichter haben das geistige Prinzip mit den verschiedensten Namen bezeichnet. Platon sprach von einer „Vernunftseele", Aristoteles vom „Geist" schlechthin, die deutschen Idealisten vom „idealischen Menschen", Pestalozzi vom „heiligen göttlichen Funken" und Christian Morgenstern vom (groß geschriebenen) „Ich" und meinte: „Ich möchte nicht leben, wenn *Ich* nicht lebte."

Das Ich des Menschen bezieht also bei der Geburt kein fertiges Haus, sondern ein von einem Elternpaar geerbtes Leibesmodell, das es in den ersten Lebensjahren (bis zum Zeitpunkt der Rückerinnerung) unbewußt und später immer bewußter umgestaltet und beherrscht.

Im ersten Lebensjahr lernt das Kind durch Nachahmung seiner menschlichen Umgebung aufrecht stehen und gehen. Der Mensch ist das einzige wirklich aufrecht gehende Wesen der Schöpfung. Ein Vergleich des Affen- und des Menschenskelettes zeigt die großen Unterschiede im Knochenbau: Während die Affen eine bauchwärts gekrümmte Wirbelsäule, einen angehängten, nach unten ziehenden Schädel mit großer Schnauze und gebeugte Knie besitzen, steht die S-förmige Wirbelsäule beim Menschen senkrecht auf den gestreckten Beinen und trägt den Schädel frei beweglich wie eine „Krone". Durch den aufrechten Gang sind die Arme und Hände zur Verrichtung von Arbeit und zur Begründung von Kultur freigestellt. Johann Gottfried Herder nannte den Menschen den „ersten Freigelassenen der Schöpfung", und Friedrich Schiller kennzeichnete den Unterschied von Mensch und Tier mit folgenden Worten: „Bei dem Tiere und der Pflanze gibt die Natur nicht bloß die Bestimmung, sondern führt sie auch allein aus. Dem Menschen gibt sie bloß die Bestimmung und überläßt ihm selbst die Erfüllung derselben. Dies allein macht ihn zum Menschen."

Während das Tier mit seinem Innenleben ganz an die leiblichen Bedürfnisse und Instinkte gekettet ist und durch seine spezialisierten Organe nicht über die ihm von der Natur gegebene Bestimmung hinauskommt, wird die Zurückhaltung des Tierischen beim Menschen gerade zur Voraussetzung für eine freie geistige Entfaltung, die weit über die natürlichen Bedürfnisse hinausgeht.

Durch seine Sonderstellung steht der Mensch in dreifacher Beziehung zum Weltganzen und muß deshalb als ein „Bürger dreier Welten" erkannt werden, wie das Rudolf Steiner in seiner „Theosophie" (GA 9) dargestellt hat:

„Durch seinen Leib ist er mit den Dingen verwandt, die sich seinen Sinnen von außen darbieten. Die Stoffe der Außenwelt setzen diesen seinen Leib zusammen; die Kräfte der Außenwelt

wirken auch in ihm. Und wie er die Dinge der Außenwelt mit seinen Sinnen betrachtet, so kann er auch sein eigenes leibliches Dasein beobachten. Aber unmöglich ist es, in derselben Art das seelische Dasein zu betrachten. Alles, was an mir leibliche Vorgänge sind, kann auch mit den leiblichen Sinnen wahrgenommen werden. Mein Gefallen und Mißfallen, meine Freude und meinen Schmerz kann weder ich noch ein anderer mit leiblichen Sinnen wahrnehmen. Das Seelische ist ein Gebiet, das der leiblichen Anschauung unzugänglich ist. Das leibliche Dasein des Menschen ist vor aller Augen offenbar; das Seelische trägt er als *seine* Welt in sich. Durch den *Geist* aber wird ihm die Außenwelt in einer höheren Art offenbar. In seinem Innern enthüllen sich zwar die Geheimnisse der Außenwelt; aber er tritt im Geiste aus sich heraus und läßt die Dinge über sich selbst sprechen, über dasjenige, was nicht für ihn, sondern für *sie* Bedeutung hat ...
So ist der Mensch Bürger *dreier Welten.* Durch seinen *Leib* gehört er der Welt an, die er auch mit seinem Leibe wahrnimmt; durch seine *Seele* baut er sich eine eigene Welt auf; durch seinen *Geist* offenbart sich ihm eine Welt, die über die beiden anderen erhaben ist."

Die Bewußtseinszustände des Wachens, Träumens, Schlafes und Todes

Man muß es als einen durchaus ernstzunehmenden Einwand anschauen, wenn jemand die Betrachtung von *Traum, Schlaf* und *Tod* als lebensfremde und müßige Phantastik ablehnen würde, die Leuten eignet, denen es an Lebensfreude und Tüchtigkeit mangelt. Ein solcher Einwand wäre durchaus berechtigt, wenn eine Vertiefung in diese Daseinszustände zu einer *Abkehr* vom tätigen Leben führen würde. Viele Menschen erleben den heutigen Alltag in Büro und Fabrik in seiner verödenden Eintönigkeit und verzweifeln an den immer komplexer werdenden Lebensproblemen. Die Zahl der Menschen, die zwar ihre Pflicht tun, aber nicht wissen, *wozu* sie all die Arbeit verrichten, und bei denen diese zerfahrene Stimmung zur Verzweiflung oder gar zur physischen Erkrankung führt, wird immer größer. Manche junge Menschen wollen dem Leben in der modernen Industriegesellschaft entfliehen und flüchten in die verschiedensten religiösen oder okkulten Gruppen, weil sie sich dort eine Antwort auf ihre Lebensfragen und eine Hilfe für ihre Lebensnöte erhoffen. Solche Menschen empfinden eine berechtigte *Sehnsucht nach dem Übersinnlichen,* ohne das menschliches Dasein schließlich wirklich in die Verödung führen würde. Aber oft wollen sie nur in bequemer Art ihren Seelenegoismus befriedigen und scheuen eine ernste Gedankenarbeit, die für ein gesundes Eindringen in übersinnliche Wahrheiten und eine positive Befruchtung des tätigen Lebens unerläßlich ist.
Wie der blinde französische Schriftsteller Jacques Lusseyran kurz vor seinem Tode in einer kleinen Schrift „Gegen die Verschmutzung des Ich" (Anm. 9) überzeugend dargestellt hat, wird heute auf allen Ebenen gegen das „Ich" Krieg geführt und das „Ego" verhätschelt. *Die Aufgabe des Menschen-Ich ist es aber gerade,*

den Egoismus und die Bequemlichkeit des Ego zu überwinden und die Führung der Seelenkräfte im Denken, Fühlen und Wollen zu ergreifen.
Die Anthroposophie möchte solchen Menschen, die infolge eines akademischen Studiums oder ihrer beruflichen Tätigkeit in der modernen Industriegesellschaft den Glauben an die religiösen Wahrheiten verloren haben, einen *neuen Zugang zu den Rätselfragen des Daseins* vermitteln. Nur darf eine ernsthafte Auseinandersetzung mit solchen Daseinsfragen, die über die alltäglichen Erlebnisse und Pflichten hinausweisen, nicht zu einer Abkehr vom tätigen Leben führen, sondern soll vielmehr dem Menschen durch eine Überschreitung der engen Grenzen des Wachbewußtseins erst recht die Kraft zu einem aktiven Leben geben. Dazu ist allerdings eine ernsthafte Gedankenarbeit, wie sie die Geisteswissenschaft fordert, eine unerläßlich Voraussetzung.

Wachen und Schlafen

Wenn man sich in einem medizinischen Lexikon erkundigt, was die Naturwissenschaft über den Schlaf zu sagen hat, so findet man etwa die folgende Darstellung:
„Der Schlaf dient der Erholung des Organismus und der Entfernung der Schlackenstoffe, die sich während des Arbeitstages angesammelt haben. Die Steuerung des Schlafes erfolgt durch ein Schlaf-Wach-Zentrum im Gehirn (mittlerer Thalamus), ein Weck-System im Hirnstamm und durch die Zentrale des autonomen Nervensystems."
Die Naturwissenschaft stellt also fest, daß der physische Leib durch die Tagesarbeit ermüdet und in der Nacht einer Erholung bedarf. Sie beschreibt den Schlaf als „Umschaltung auf ein anderes System, das zur Erholung der Zentren für die Wachtätigkeit notwendig ist". Es fehlen ihr aber die Begriffe, um die Auslöschung des Bewußtseins richtig zu verstehen. Wie wir bereits ausgeführt haben, begründet die Geisteswissenschaft die Auslöschung des Bewußtseins im Schlaf damit, daß der Träger des Bewußtseins,

der Astral- oder Seelenleib, zusammen mit dem Ich aus dem im Bette zurückbleibenden physischen und ätherischen Leib heraustreten und die aufweckende Wirkung der Sinneswahrnehmungen somit wegfällt.

Auf die Frage, wohin die für unsere Beobachtung entschwindenden höheren Wesensglieder gehen und welcher Aktivität sie sich im Schlafzustande hingeben, spricht die Geistesforschung von einem Beobachtungsergebnis, das einem unbefangenen Denken verständlich werden kann, wenn wir unsere Betrachtung über die Aufgaben des Ätherleibes fortsetzen und vertiefen. In unserer Analogie des physischen Leibes und eines Hauses hatten wir bisher den genetischen Code als „Bauplan" und den Ätherleib als „Baumeister" erkannt. Für die Entstehung eines Hauses oder eines Gebäudes ist aber ein Architekt oder ein Architektenteam die *primäre, geistige Ursache des sichtbaren Bauwerkes.* Die Geisteswissenschaft teilt nun mit, daß es auch für den physischen Leib des Menschen *geistige Vorbilder in einer geistigen Welt* gibt, die der Astralleib und das Ich während des Schlafes aufsuchen und aus der sie beim Aufwachen am Morgen die Vorbilder an den Ätherleib weitergeben. Rudolf Steiner schildert diesen Vorgang in seiner „Geheimwissenschaft" (GA 13) wie folgt: „Während des Schlafes ist er (der Astralleib) in einer mit ihm gleichen Welt. Er bildet etwas in einer gewissen Weise zu dieser Gehöriges. Beim Erwachen saugen ihn der physische Leib und der Ätherleib auf. Sie erfüllen sich mit ihm. Sie enthalten die Organe, durch die er die äußere Welt wahrnimmt. Er aber muß, um zu dieser Wahrnehmung zu kommen, aus seiner Welt sich herausscheiden. Aus dieser seiner Welt aber kann er nur die Vorbilder erhalten, welche er für den Ätherleib braucht. Wie dem physischen Leibe z. B. die Nahrungsmittel aus seiner Umgebung zukommen, so kommen dem Astralleib während des Schlafzustandes die *Bilder* der ihn umgebenden Welt zu. Er lebt da in der Tat außerhalb des physischen und des Ätherleibes im Weltall. In demselben Weltall, aus dem heraus der ganze Mensch geboren ist. In diesem Weltall ist die Quelle der Bilder, durch die der Mensch seine Gestalt erhält."
Da für die äußere Wahrnehmung das Weltall, in welcher sich

Astralleib und Ich während der Nacht aufhalten, sich durch die Sternenwelt offenbart, wird das dritte Wesensglied des Menschen (und der Tiere) *Astralleib* genannt (griech. astron = Stern).

Das Träumen

Zwischen dem Schlaf- und dem Wachzustand erleben wir zuweilen einen mittleren Bewußtseinszustand, *das Träumen.* Im medizinischen Lexikon wird der Traum zu den Erscheinungen gerechnet, die die Naturwissenschaft kaum zu erklären weiß. Wenn wir von der geisteswissenschaftlichen Darstellung des Wach- und Schlafzustandes ausgehen, können wir vermuten, daß beim Träumen Astralleib und Ich schon vom Ätherleib, aber noch nicht vom physischen Leib „aufgesaugt" worden sind. Beim Träumen ist die Seele noch den strengen Gesetzen der physischen Welt entzogen und erlebt eine Welt „phantastischer" Bilder. Direkte Eindrücke aus der Sinneswelt sind nicht möglich, wenn die Seele die Sinnesorgane des physischen Leibes noch nicht durchdringt; aber sie erlebt im Ätherleib Vorgänge, die durch Ereignisse im physischen Leib verursacht werden, mit dem der Ätherleib ja eng verbunden ist.
Bekanntlich werden die meisten *Träume* durch physische Vorgänge ausgelöst, die sich in der unmittelbaren Umgebung des Schlafenden oder in dessen physischem Leib abspielen. Diese Tatsache kann man durch eigene Beobachtung feststellen. Der Traum symbolisiert solche Vorgänge der physischen Welt durch Bilder, die aus dem Gedächtnisrepertoire des Menschen entnommen sind. So kann ein herunterfallender Gegenstand einen ganzen mit einem Schuß endenden Kriminalroman auslösen oder eine schwer auf dem Magen liegende Speise Angstträume bewirken, bei denen man etwa durch einen schweren Stein bedroht wird. Es gibt aber auch seltenere Träume, die in Sinnbildern Probleme ausdrücken, welche uns im Wachzustande stark beschäftigt haben. Die meisten Menschen träumen mehr oder weniger viel und intensiv und könnten eine Fülle von Träumen erzählen. Es gibt auch Träume, in

denen jemand träumt, daß ein Angehöriger verstorben sei, und später erfährt er, daß sein Traum der Wirklichkeit entsprach. Man nennt sie Wahr-Träume.

In der Psychologie spielt die Traumanalyse bei der Deutung seelischer Krankheiten und unverdauter psychischer Konflikte eine große Rolle. Die Träume können aber auch im Leben gesunder Menschen von besonderer Bedeutung sein. Der seelische Zustand, in welchem manche Künstler ihre Inspirationen zur Schaffung von Kunstwerken empfangen, ist als ein dem Traume verwandtes *Wachträumen* beschrieben worden. Allerdings ist die Phantasiewelt des Künstlers geordnet und schöpferisch und hat nicht mehr den phantastischen Charakter der Traumbilder.

Im Traum haben wir meist das Gefühl, *einer Welt willkürlicher Sinnbilder ausgeliefert* zu sein, auf die wir mit unserem Willen keinen Einfluß haben. Da erleben wir z. B. die Beklemmnis, auf Fragen des Lehrers nicht antworten zu können oder bestimmte Forderungen im Militärdienst nicht zu erfüllen. Da im Traum die feste Grundlage fehlt, die wir im physischen Leibe haben, ist die Identität und Kontinuität unseres Ichs nicht mehr gewährleistet. Deshalb kann der Träumende die vom Lehrer vorgelegten Fragen nicht beantworten, sondern muß erleben, wie sie der Lehrer selbst beantwortet. Rudolf Steiner hat den *Traum als die niederste Form übersinnlichen Erlebens* gekennzeichnet, auf der zwar keine Geisteswissenschaft begründet werden kann, die uns jedoch eine gewisse Vorstellung von übersinnlichen Erfahrungen vermitteln kann. Er hat auch darauf hingewiesen, daß der Traum ein *Überrest eines früheren hellseherischen Erlebens der Welt* ist, durch das die Menschen in einer fernen Vergangenheit ihre Umwelt erlebten. Allerdings waren die damaligen übersinnlichen Bilder der Umwelt gesetzmäßig geordnet, so daß sich die Menschen in ihrer Umwelt orientieren und bewegen konnten. Da dem heutigen Traum diese Gesetzmäßigkeit weitgehend fehlt, kann er keine sichere Erkenntnisgrundlage mehr bieten.

Die übersinnlichen Vorgänge, die sich beim Sterben und nach dem Tode für den Menschen abspielen, sind an den Lebenstatsachen der sinnlichen Welt weniger leicht nachzuprüfen als beim Schlaf und beim Traum. Das Einschlafen, Träumen und Aufwachen erfahren wir unzählige Male im Verlaufe unseres Lebens, das Sterben erleben wir jedoch nur wenige Male an unseren Angehörigen und anderen Menschen. Allerdings gibt es in seltenen Fällen Menschen, die bei Unfällen oder schweren Krankheiten dem Tode nahe gestanden waren und, in ihren Leib zurückgekehrt, von ihren Todeserlebnissen berichten konnten. Der amerikanische Arzt Raymond Moody berichtet in seinen Büchern „Leben nach dem Tod" (Anm. 10) von einigen hundert Menschen, die einmal im medizinischen Sinne gestorben waren und doch überlebt haben. Die Berichte dieser „Schon-einmal-tot-Gewesenen" sind bis in Einzelheiten von einer geradezu frappierenden Ähnlichkeit. So berichten diese Totgeglaubten fast alle, daß sie nach der Loslösung vom physischen Körper sich wie in einem anderen, „spirituellen Körper" wiedergefunden hätten, den sie als schwerelos, durchsichtig und als farbige Lichtgestalt beschreiben oder auch als eine Art „Kraftfeld". Nach dem Tode werde das Bewußtsein keineswegs ausgelöscht, sondern als wunderbare, friedvolle Klarheit erlebt, in die sich nun dem Toten eine Lebensüberschau als ein „Panorama" von Erinnerungsbildern hineinstellt.
Solche Berichte, wie sie von Moody zusammengestellt worden sind, bestätigen die Forschungsergebnisse der Geisteswissenschaft: *Der Tod tritt durch eine Änderung im Zusammenhang der Wesensglieder ein.* Da der Ätherleib für die Aufrechterhaltung der Gestalt und Funktionen des physischen Leibes zuständig ist, tritt beim Sterben dasjenige ein, was im Verlaufe des Lebens nie passieren darf: *Der Ätherleib trennt sich zusammen mit Astralleib und Ich vom physischen Leib* und überläßt diesen der Verwesung durch die Wirksamkeit der physikalisch-chemischen Kräfte.
Bekanntlich wartet man einige wenige Tage, bevor man einen Toten begräbt oder kremiert. Das hat seinen Grund: Der Ätherleib

hat nach dem Tode keine Aufgabe mehr und löst sich innerhalb von etwa drei Tagen in eine allgemeine Bildekräftewelt auf. Während dieser Tage befinden sich Astralleib und Ich in einem *mit dem Traume vergleichbaren Bewußtseinszustand,* indem die Seele nur noch mit dem Ätherleib verbunden ist. Wie wir schon erwähnt hatten, sind die Lebenserinnerungen wie in einem Tagebuch im Ätherleib aufgezeichnet worden. Während des Wachzustandes verhindern die vielen Sinneseindrücke, die der physische Leib vermittelt, daß die Erinnerungen alle im Bewußtsein anwesend sein können; sie sind vergessen. Nach dem Tode fällt diese Behinderung weg, und der von seiner Aufbau- und Regenerationstätigkeit befreite Ätherleib breitet der Seele des Verstorbenen das ganze Gedächtnis wie in einem Lebenspanorama aus. Der von den Totgeglaubten als „spiritueller Leib" erlebte Lichtkörper ist nichts anderes als der Ätherleib.

Daß die in einem langen Leben gesammelten Erinnerungen nach dem Tode sozusagen wie in einem Augenblick vor die Seele gezaubert werden können, zeigt uns der Traum, bei dem ein äußeres Ereignis durch einen in Sekundenschnelle ablaufenden „Roman" symbolisiert wird. Auch das Landschaftspanorama, das wir von einem Berggipfel bewundern, ist im Raume vor uns ausgebreitet. Im Lebenspanorama werden die im Zeitenlauf erlebten Ereignisse in ein raumartiges Bild zusammengedrängt.

Nach der Auflösung des Ätherleibes hat der Mensch nur noch einen *Astralleib und sein Ich.* Da dieser *Bewußtseinszustand mit demjenigen des Schlafes vergleichbar* ist, nennt man deshalb den Schlaf manchmal den kleineren Bruder des Todes. Doch besteht ein wesentlicher Unterschied zwischen Schlaf und Tod. Während des Schlafes ist der Astralleib von den Erlebnissen des Tages in der physischen Welt erfüllt und das Ich mit der Verarbeitung der Tagesereignisse beschäftigt. Nach dem Tode ist das Ich von dieser Aufgabe frei, so daß es auf die viel zarteren, geistigen Erfahrungen aufmerksam sein kann, die die Seele in ihrer Umgebung wahrnimmt.

Allerdings besteht in der ersten Zeit nach dem Tode noch eine gewisse Bindung der Seele an die im Erdenleben gemachten Er-

fahrungen, die während einer Phase der *Läuterung* verarbeitet werden müssen. Die Wissenschaft vom Menschen unterscheidet *drei Arten von Bindungen der Seele an den physischen Leib:* Bedürfnisse wie Hunger, Durst, Liebe usw. sind durch den physischen Leib bedingt und müssen durch Aufnahme von Nahrung, Flüssigkeit, Zärtlichkeit usw. befriedigt werden. Bei jeder Nahrungsaufnahme empfinden wir durch die Sinne (Geruch, Geschmack usw.) einen Genuß, durch den das Ich Anregungen zur richtigen Verarbeitung der Nahrungsstoffe und zur Vervollkommnung seiner Herrschaft über die Leibesorgane empfängt. Alle diese *leiblichen Bedürfnisse* können dem Menschen den Leib als „Tempel des Geistes" zur Offenbarung bringen.
Die zweite Gruppe von Bedürfnissen stammt zwar aus der geistigen Natur des Ichs, aber im Erdenleben muß der Mensch diese *geistigen Bedürfnisse* mit Hilfe physischer Organe befriedigen. Alle kulturellen Betätigungen in Wissenschaft, Kunst und Religion gehören zu dieser Gruppe von Bedürfnissen, die durch physische Organe zu sichtbaren Leistungen in der Sinneswelt in Erscheinung treten. Gäbe es nur die beiden ersten Arten von Bedürfnissen, so könnte das Ich nach dem Tode sogleich volle Befriedigung in der Welt finden, in die es nun versetzt ist; denn mit dem Ablegen des physischen Leibes hören die leiblichen Bedürfnisse auf und die geistigen Bedürfnisse können unmittelbar in der Welt befriedigt werden, aus der sie ja urständen. Aber das Ich hat während des Erdenlebens noch eine dritte Art von Wünschen erzeugt, die nur durch physische Organe befriedigt werden können, obwohl sie nicht aus der Natur dieser Organe selbst stammen. Das Ich kann an Genüssen Gefallen finden, die für die Offenbarung des Geistes im physischen Leben unnötig wären. Dabei handelt es sich um *Begierden und Leidenschaften, die aus einem zu starken Verhaftetsein an die Sinnlichkeit* entstehen. Der Genuß, den der Mensch bei der Nahrungsaufnahme hat, dient der Offenbarung des Geistes im Sinnenbereich. Verfällt er aber Genüssen und Süchten wie der Feinschmeckerei und Völlerei, durch die der physische Leib geschädigt wird und gar erkrankt, so handelt es sich um eine dritte Art von Wünschen, die auch nach dem Tode fortbestehen, für die aber jede

Möglichkeit ihrer Befriedigung durch physische Organe fehlt. Die Entbehrungen, welche die Seele nun bis zur völligen Überwindung solcher Gelüste durchzustehen hat, sind in den verschiedenen Religionen als „verzehrendes Feuer" oder „Fegefeuer" bezeichnet worden, weil diese dritte Art von Begierden im sogenannten *Kamaloka* (sankr. kama = Verlangen, loka = Ort, Ort des Verlangens) ganz aus der Seele hinweggefegt werden müssen.

Während der nachtodlichen *Läuterungszeit* hat aber die Seele noch weitere Erfahrungen und Prüfungen durchzumachen. Die im vergangenen Erdenleben gemachten Lebenserfahrungen erfüllen den Astralleib nach dem Tode und werden nun durch eine *Rückschau auf das Leben* in der Art vom Ich verarbeitet, daß die auf der Erde subjektiv erlebten Ereignisse und Taten nun objektiv beurteilt werden müssen. Eine Läuterung und Bewertung ist eben nur dadurch möglich, daß das Ich alle Ereignisse wie ein Außenstehender nochmals durchzunehmen hat. Das Ich muß die Freude oder den Schmerz, den Nutzen oder den Schaden, den es durch seine Handlungen einem anderen Menschen zugefügt hat, in der Rückschau an sich selber erfahren. Durch eine solche Selbstbeurteilung des Erdenlebens kann das Ich die nötigen *moralischen Impulse zur Wiedergutmachung und weiteren Vervollkomnung* in sich aufnehmen. Bei dieser Rückschau werden die Innen- und Außenwelt sozusagen umgekehrt: *Was im Erdenleben Außenwelt war, wird zur Innenwelt und umgekehrt.*

Nicht nur der Raum wird gewendet, sondern auch die Zeit, indem die Rückschau rückwärts vom Tode bis zur Geburt nochmals das ganze Erdenleben durchschreitet. Die Dauer der Rückschau entspricht etwa der Summe der Schlafenszeiten, also rund ein Drittel der Lebensdauer. Diese übersinnliche Tatsache kommt ebenfalls in den irdischen Gepflogenheiten äußerlich zum Ausdruck, indem man auf den Friedhöfen die Gräber während 20 bis 30 Jahren stehen läßt.

Nach dieser Läuterung und Rückschau löst sich derjenige Teil des Astralleibes, der sich auf die sinnliche Welt bezog, in eine allgemeine Astralwelt auf, während der für die Fortexistenz des Menschen notwendige Teil als sogenannter *„Lebensextrakt" sich mit* *dem Ich verbindet,* das in die geistige Urheimat des Menschen zurückkehrt und weiteren Erlebnissen entgegengeht, die wir später weiterverfolgen wollen.

Nach dem Tode fallen also vom Menschen *drei Leichname* ab, sofort ein physischer, nach rund drei Tagen ein ätherischer und nach etwa einem Drittel der Lebensdauer ein astralischer Leichnam. In der Abb. 2 auf der folgenden Seite ist versucht worden, das Verhältnis der vier Wesensglieder des Menschen in den verschiedenen Bewußtseinszuständen vor und nach dem Tode in schematischer Darstellung anzudeuten.

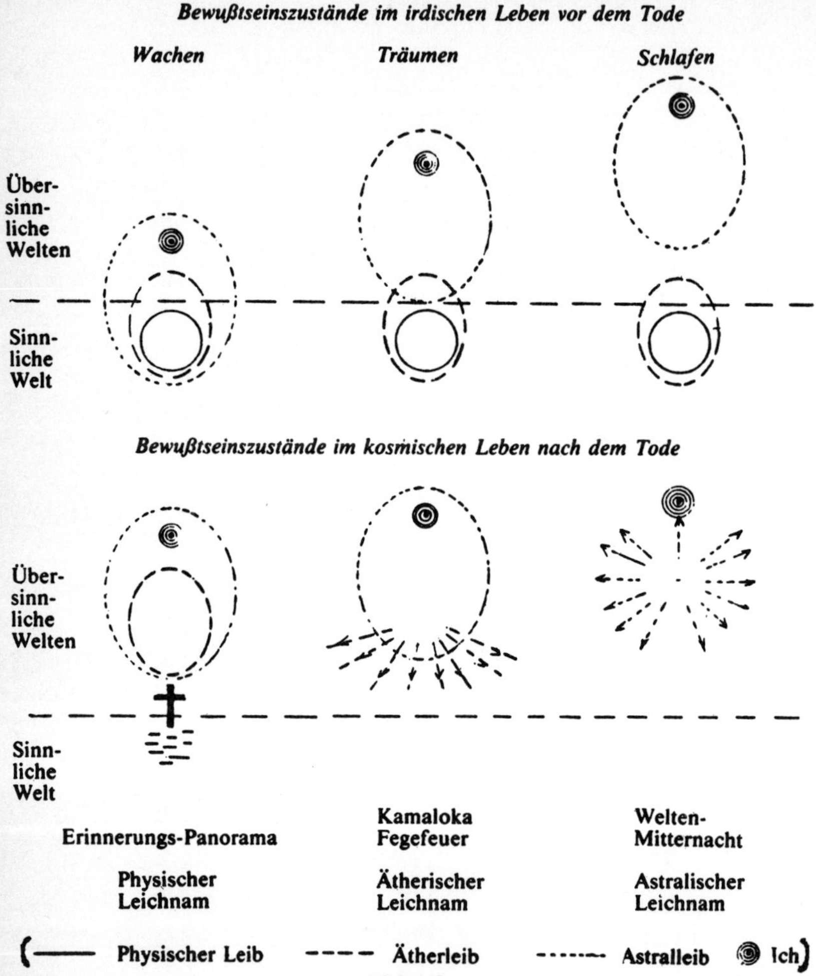

Bewußtseinszustände im irdischen Leben vor dem Tode
Wachen
Träumen
Schlafen
Über-
sinn-
liche
Welten
Sinn-
liche
Welt
Bewußtseinszustände im kosmischen Leben nach dem Tode
Über-
sinn-
liche
Welten
Sinn-
liche
Welt
Erinnerungs-Panorama
Kamaloka
Fegefeuer
Welten-
Mitternacht
Physischer
Leichnam
Ätherischer
Leichnam
Astralischer
Leichnam
Physischer Leib
Ätherleib
Astralleib
Ich

Abb. 2

Wiederverkörperung und Schicksal

Wie uns die bedeutendsten Werke aus der Weltliteratur zeigen, haben sich die Menschen vergangener Kulturepochen von jeher um eine Kenntnis des nachtodlichen Lebens bemüht. Im ägyptischen Totenbuch, in der Odyssee des Homer, in Vergils Äneis und in der Göttlichen Komödie von Dante werden die Erlebnisse der Seele im Totenreich eingehend dargestellt.

In dem Maße, wie in neuerer Zeit das Diesseits erforscht wurde, verdunkelte sich das Wissen um das Übersinnliche und führte schließlich zur materialistischen Auffassung, nach der unsere Seelenerlebnisse nur subjektive Reaktionen des Bewußtseins auf objektive, materielle Vorgänge im Nervensystem sein sollen und eine selbständige, vom Leibe unabhängige Seele ebensowenig existieren soll wie die von den Religionen behauptete Unsterblichkeit.

In seiner interessanten Darstellung über die Jenseitsvorstellungen in der Menschheitsgeschichte schreibt Johannes Hemleben (Anm. 11). „Der heutige Mensch ist in der Regel zufrieden, wenn er sein Leben innerhalb der Grenzen von Geburt und Tod begreift. Die naheliegenden Fragen: Was war vorher? Was wird nachher sein? tauchen zwar auf, werden aber im allgemeinen als unbeantwortbar verdrängt oder nur oberflächlich beantwortet. Entweder weist man darauf hin, daß schließlich niemand wissen könne, was vor der Geburt gewesen sei und nach dem Tode sein wird, oder man spricht von den natürlichen Gegebenheiten, vor der Geburt seien die Eltern gewesen und nach dem Tode werde die Verwesung des Leibes eintreten. Zudem vermutet man, daß alle anderen Aussagen sowieso nur Wunschphantasien, mit deren Hilfe der Mensch gegenüber der Unerbittlichkeit des Todes Trost suche."

Man mag den Verlust des traditionellen Jenseitsglaubens beklagen, muß aber erkennen, daß wir dafür ein *klares Diesseitsbewußtsein und die Fähigkeit zum logischen und vernünftigen Denken* erworben haben. Die Anthroposophie weist uns einen Weg zu einem *neuen Jenseitsverständnis,* das vor dem errungenen Diesseitsbewußtsein voll verantwortet werden kann und nicht durch abnorme Bewußtseinszustände wie Trance-Schlaf, Hypnose oder Ekstase erkundet werden sollte.

Das Leben im Totenreich

Allerdings haben auch in neuerer Zeit einzelne Dichter und Denker immer wieder ihre Überzeugung von der *Unsterblichkeit der Menschenseele* zum Ausdruck gebracht. So hat etwa der Dichter Conrad Ferdinand Meyer in seinem Gedicht „Chor der Toten" das Leben der Toten charakterisiert (Anm. 12):

„Wir Toten, wir Toten sind größere Heere
Als ihr auf der Erde, als ihr auf dem Meere!
Wir pflügen das Feld mit geduldigen Taten,
Ihr schwinget die Sichel und schneidet die Saaten,
Und was wir vollendet und was wir begonnen,
Das füllt noch dort oben die rauschenden Bronnen,
Und all unser Lieben und Hassen und Hadern,
Das klopft noch dort oben in sterblichen Adern,
Und was wir an gültigen Sätzen gefunden,
Dran bleibt aller irdische Wandel gebunden,
Und unsere Töne, Gebilde, Gedichte
Erkämpfen den Lorbeer im strahlenden Lichte,
Wir suchen noch immer die menschlichen Ziele –
Drum ehret und opfert! Denn unser sind viele!"

In diesen wunderbaren Versen sprechen sozusagen die Toten die Lebenden auf der Erde an, um uns zu sagen, wie viel zahlreicher die Toten als wir Lebende sind und wie die Erdentaten die Menschen auch im entleibten Zustande intensiv beschäftigen. Sie arbeiten als Tote an ihrer individuellen Entwicklung weiter und suchen nach wie vor die Ziele menschlicher Evolution zu ergründen.

Zwei Gedanken können uns in der Frage weiterführen: Was geschieht mit dem Menschen-Ich nach dem Ablegen des dritten, astralischen Leichnams?

Wir haben den *Schlaf* als jene „Einrichtung" des Lebens erkannt, die sowohl unsere physische als auch geistig-seelische Gesundheit immer wieder herstellt. Ein erquickender Schlaf spendet uns täglich neue Kräfte für die Bewältigung der Lebensaufgaben. Welche Art von Erneuerung ermöglicht uns der *Tod,* dieser größere Bruder des Schlafes?

Goethe hat einmal den paradoxen Satz ausgesprochen: *„Die Natur hat den Tod erfunden, um viel Leben zu haben."* Dem Materialisten muß dieser Satz sinnlos erscheinen; da für ihn der Tod das Ende allen Lebens ist. Lebt aber der Wesenskern des Menschen nach dem Tode weiter, so bekommt das Goethewort einen tiefen Sinn: Betrachten wir die Pflanze, wie sie im Herbst dahinwelkt und vergeht, so kann man wohl vom Sterben der Natur reden; aber wir wissen, daß kein Blatt sich vom Aste löst, das nicht zuvor eine Knospe, und keine Blüte verwelkt, die nicht zuvor Früchte und Samen gebildet hat, welche die Kontinuität des Lebens gewährleisten. So wie das Samenkorn während des Winters im Erdreich auf den nächsten Frühling wartet, um aus sich eine neue Pflanze hervorgehen zu lassen, bereitet sich das Ich mit den aus dem vorigen Erdenleben mitgebrachten Lebensfrüchten im Himmel auf ein neues Erdenleben vor. Und wie die einzelnen Pflanzenexemplare alle Jahre aufkeimen, wachsen, leben und sterben, ihre Art jedoch unsterblich bleibt, ist auch das Menschen-Ich unsterblich und durchläuft in immer neuen physischen Körpern viele aufeinanderfolgende Erdenleben. Allerdings ist dieser Lebensrhythmus beim Menschen nicht so leicht zu beobachten wie bei der Pflanze, da die aufeinanderliegenden Erdenleben zeitlich viel weiter auseinanderliegen. Wie in der wiedergegebenen Figur angedeutet, durchlaufen die Pflanze und der Mensch ihre Lebensrhythmen sozusagen mit umgekehrtem Vorzeichen: Die Pflanze wurzelt mit ihrem Keim in der dunklen

Erde und wächst dem Licht des Kosmos entgegen; der Mensch aber urständet im Kosmos und verkörpert sich auf der Erde, um in den wiederholten Leben Erfahrungen zu sammeln, die er in seiner geistigen Heimat nicht machen könnte. (siehe Abb. 3)
Noch ein zweiter Gedanke weist uns auf die *Notwendigkeit der Wiederverkörperung für die Evolution des Menschen.* Unser Lebensabend ist durch eine Art Vorwegnahme der nachtodlichen Rückschau gekennzeichnet. Alte, dem Tode nahe stehende Menschen vergessen ihre gegenwärtigen Erlebnisse meist wieder schnell und leben dafür gerne in ihren Lebens- und Jugenderinnerungen. Bei solcher Rückschau auf ihr Leben vergegenwärtigt sich der alte Mensch oftmals seine unerfüllten Wünsche und unerreichten Ziele, zu deren Verwirklichung das Leben ihm keine Möglichkeiten bot. Der Gedanke, daß mit dem Tode alle diese Wünsche und Ziele zu Grabe getragen werden müßten, wäre für ihn unerträglich. Und es wäre eine verletzende Taktlosigkeit, wenn wir einem alten Menschen sagen würden: Von dir erwarte ich überhaupt nichts mehr! Eigentlich muß sich der alte Mensch sagen, daß er zwar im gealterten Leibe seine unerfüllten Ziele nicht mehr verwirklichen kann, daß er sie aber in einem zukünftigen Leben wieder aufgreifen möchte.
Wir hatten in einem vorangehenden Kapitel erwähnt, daß nach Absolvierung des Kamalokas nur derjenige Teil des Astralleibes

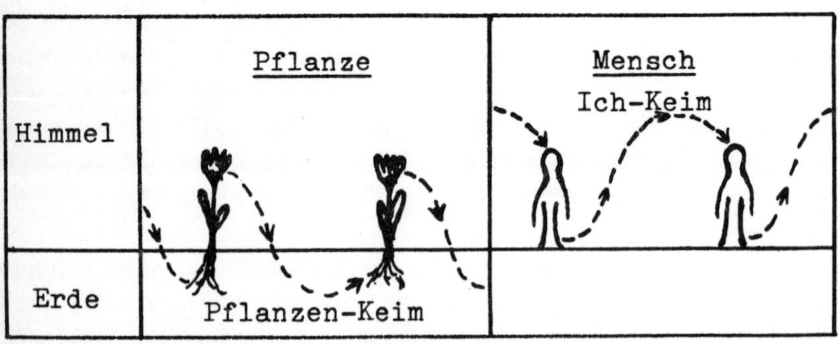

Abb. 3

als Leichnam abfällt, der die Triebe, Begierden und Leidenschaften enthielt, die das Ich im Zusammenleben mit dem Körper in der Sinneswelt entwickelt hatte. Nachdem das Ich sich von seinem Kama rupa (Körper des Verlangens) ganz befreit hat, bleibt ein „Lebensextrakt" mit ihm verbunden, der die Summe der „Lebensfrüchte" umfaßt, die der Mensch im Erdenleben erworben hat. Eine wohl bekannte Lebenstatsache ist, daß eine Tätigkeit durch übendes Wiederholen immer besser gelingt. Jeder Sportler, Musiker und Lernende weiß, was auch immer der Lerngegenstand sein mag:

„Die Erfahrung, das Erlebnis prägt sich dem Geiste als eine Erhöhung seiner Fähigkeit ein" (Rudolf Steiner).

Inwieweit unsere Erfahrungen zu Fähigkeiten umgebildet werden, hängt entscheidend von der geistigen Arbeit ab, die wir beim Erleben aufbringen. Nach dem Tode haben wir keine Möglichkeit mehr, weitere Erdenerfahrungen zu machen. Der entkörperte Mensch tritt nun mit einer Summe von Erlebnissen ins nachtodliche Dasein ein und wird nach Abstreifung aller Wünsche, die ihn an den Körper ketteten, seine Erfahrungen in *Keime, Anlagen und Fähigkeiten für seine zukünftige Entwicklung* umwandeln. Dies geschieht nun während einer längeren Zeit, die das *Devachan* (sanskr. Ort der Wonne) genannt wird. Man darf einen Zustand, in welchem die Seele die Sorge um das Vergangene vergißt und ihre Zukunft vorbereitet, doch wohl als Wonne bezeichnen können. Zusammen mit göttlichen Helfern, toten Angehörigen und Lebensgefährten bereitet sich das Ich auf ein neues Erdenleben vor. So wie das Samenkorn im Frühjahr aus Erdenstoffen einen neuen Pflanzenleib aufbaut, umgibt sich der Ich-Keim mit einem neuen Astralleib und einem neuen Ätherleib, bevor er sich nach der Empfängnis mit einem neuen physischen Leib aus der Vererbungsströnung der elterlichen Vorfahren verbindet.

Vor dem Wiedereintritt ins neue physische Dasein erlebt die Seele eine *Vorschau* auf das kommende Erdenleben, die mit der nachtodlichen Rückschau innig zusammenhängt. In dieser Vorschau treten alle Hindernisse und Versäumnisse vor die Seele, die sich der Mensch durch sein Verhalten in früheren Erdenleben selbst in den Weg gelegt hat und die er im kommenden Erdenleben wieder aufgreifen und ausgleichen möchte. Nachdem die Seele im Kamaloka die Wirkung ihrer Erdentaten objektiviert hatte, erwirbt sie nun in der Vorschau die Kräfte, um im neuen Erdenleben ihre Entwicklung und Veredelung fortzusetzen.

Reinkarnation und Karma als Entwicklungsgesetze des Menschen

Viele Begebenheiten und Ereignisse, die uns im Leben zustoßen, erfreuliche und unangenehme Begegnungen und Erfahrungen schreiben wir dem sogenannten *Zu-fall* zu und sprechen vom *Schicksal,* weil wir dafür keine Ursachen und Gründe wissen. Im Jenseitsglauben vergangener Kulturen war aber der Zusammenhang früherer Taten und späterer Lebensereignisse eine selbstverständliche Überzeugung. Das mit Unerbittlichkeit waltende *Karma* (sanskr. Karma = Tat) war in der morgenländischen Weisheit ebenso anerkannt wie im abendländischen Christentum. Die Ermahnung, die der Apostel Paulus in seinem Brief an die Galater richtete, war auch für das Leben der Mönche und Nonnen im Mittelalter bestimmend (Anm. 13):
„Irret euch nicht! Gott läßt sich nicht spotten. Denn was der Mensch sät, das wird er ernten. Wer auf sein Fleisch sät, der wird von dem Fleisch das Verderben ernten; wer aber auf den Geist sät, der wird von dem Geist das ewige Leben ernten" (in der Bibel steht das Wort „Fleisch" für das Physisch-Materielle).
Wie Hemleben in seiner Schrift über das Jenseits (Anm. 11) meint, wurde mit dieser urchristlichen Lebensweisheit aber im Laufe der Zeit auch Mißbrauch getrieben. Das Schicksalsgesetz ist von moralisierenden Kanzelrednern einseitig auf *ein einmaliges Erdenleben und ein nachtodliches Leben im Jenseits eingeschränkt* worden, um die Gläubigen durch die Androhung höllischer Strafen einzuschüchtern. Sie vergaßen, daß solche Drohungen nur Angst und Schrecken einjagen, jedoch niemals das Gute im Menschen wecken können.

Das Karmagesetz hätte ohne die Möglichkeit, Irrtümer und Verfehlungen eines Erdenlebens in späteren, weiteren Leben wieder auszugleichen, keinen Sinn. Wenn die Seele nur ein einziges Erdenleben durchzumachen hätte, dann wäre es eine zum Himmel schreiende *Ungerechtigkeit,* wenn der eine Mensch in Not und Elend geboren und mit geringen Begabungen ausgestattet zu einem erbärmlichen Dasein vorherbestimmt erschiene, während ein anderer von sorgenden Händen und Herzen gepflegt alle Voraussetzungen zu einem befriedigenden und fruchtbaren Leben mit in die Wiege bekäme. Eine tiefere Lebensbetrachtung muß zur Einsicht gelangen, daß die Ursachen für solche Schicksalsgegensätze niemals aus einem einzigen Erdenleben heraus erklärbar sind.
Die in den letzten hundert Jahren üblich gewordene materialistische Denkart will die physischen, seelischen und geistigen Fähigkeiten und Lebensbegebenheiten einzig und allein aus *zwei Faktoren* erklären und einen *dritten, entscheidenden Faktor* jedoch nicht anerkennen:
Durch die *Vererbung* sind die körperlichen Eigenschaften wie die physische Konstitution, die Farbe der Augen und Haare und vieles andere mehr bestimmt, aber auch gewisse Seeleneigenschaften, wie es Goethe einmal in einem Vers deutlich machte:
„Vom Vater hab' ich die Statur, des Lebens ernstes Führen,
vom Mütterchen die Frohnatur, die Lust am Fabulieren."
Durch das *Milieu* eignen wir uns weitere körperliche und seelische Fähigkeiten, wie das aufrechte Gehen, das Sprechen, das Schreiben, Lesen, Rechnen sowie künstlerische und intellektuelle Tüchtigkeiten an. Aber durch das Milieu wäre der Mensch doch auch nur *ein fremdbestimmtes und kein autonomes Wesen.*
Für ein ganzheitliches Verständnis des Menschen ist ein *dritter Faktor* fundamental, der nur zusammen mit den Ideen von Reinkarnation (Wiederverkörperung) und Karma (Schicksal) denkbar ist: Das *Ich des Menschen* bringt aus dem vorgeburtlichen Dasein und aus früheren Erdenleben die geistigen Impulse und Begabungen mit, die erst seine *einmalige, individuelle Persönlichkeit* ausmachen. Rudolf Steiner weist in einem Aufsatz über „Reinkarnation und Karma – vom Standpunkt der modernen Naturwissen-

schaft notwendige Vorstellungen" (GA 34) darauf hin, daß sich die Idee der Wiederverkörperung aus einer konsequenten Fortsetzung des naturwissenschaftlichen Denkens notwendig ergibt und daß eine selbstverständliche Lebenstatsache zum Ausgangspunkt einer solchen Betrachtung dienen kann:

„Das ist eine einfache Wahrheit, daß jeder Mensch eine Biographie hat, das Tier aber keine." Entscheidend ist die Einsicht, daß die *Biographie* für jeden einzelnen Menschen dieselbe Bedeutung hat wie für das Tier die Beschreibung seiner *Art.* Der wesentliche Unterschied von Mensch und Tier ist im Verhältnis von *Gattung* und *Exemplar* begründet: Eine allgemeine Beschreibung der Menschengattung durch die Anthropologie erfaßt in keiner Weise die *Einmaligkeit einer Persönlichkeit,* während durch die Beschreibung der Löwenart auch alles Wesentliche über das einzelne Löwenexemplar gesagt ist. Die individuellen Unterschiede, die bei einer Dressur von Tieren zustandekommen, entstehen ja durch Fremdeinflüsse des Menschen auf das Tier. Wer heute nach den großen Errungenschaften der Evolutionslehre, nach der sich alle heutigen Naturformen durch Verwandlungen aus früheren Lebensformen entwickelt haben, noch die Meinung vertritt, daß die Persönlichkeits- und Schicksalskräfte eines Menschen durch Zufälle bei der Empfängnis entstehen, ist ein Wundergläubiger und kein Naturforscher. So schreibt der Arzt Fritz Kahn in seinem Buch „Der Mensch" (Anm. 14) folgendes:

„Fünf Minuten dauert die Fahrt des Samenkerns von der Peripherie bis zum Kern der Eizelle. Nun stehen sich die beiden Kerne, von ihren Zentralkörpern wie von zwei Sonnen umstrahlt, gegenüber. Das Chromatin in ihnen erscheint in Körnern, die Körner ordnen sich zum Band, die Hüllen zwischen den Kernen schwinden, die Chromatinbänder der beiden Zellen stehen nun frei nebeneinander und beginnen sich zu verschlingen – das ist die Schicksalsminute im Leben des Menschen, denn in diesem Augenblick wird seine Struktur bestimmt. Das ist die Minute seiner wahren Charakterbildung, gegen die alle späteren Erlebnisse und alle Künste der Erziehung nur ein schwächliches Korrigieren sind. In diesen Minuten wird aus den Erbanlagen des väterlichen und den

Erbanlagen des mütterlichen Geschlechts die Struktur der Persönlichkeit zusammengestellt. Das ist das Mischen und Austeilen der Karten zu Beginn eines Spiels, hier werden die Trümpfe verteilt, die Asse ausgegeben und die Nieten, und das Spiel, das nun beginnt und das wir nolens volens mit den uns zugeworfenen Farben und Werten beginnen müssen, ist das Spiel des Lebens."

Fritz Kahn sagt uns leider nicht, durch welches Wunder die „Struktur der Persönlichkeit" in dieser „Schicksalsminute" entstehen soll. Und mit Recht sträubt sich etwas in uns gegen die *Sinnlosigkeit eines durch Zufälle bestimmten Lebens.* Verständlich ist es, wenn Menschen gegenüber einer solchen materialistischen Lebensauffassung nicht nur mit Widerwillen und Verzweiflung, sondern gar mit Zerstörungswut sich auflehnen.

Wir müssen den Mut aufbringen, den Evolutionsgedanken auch auf die geistig-seelische Natur des Menschen anzuwenden, und erkennen, daß die individuelle Einmaligkeit eines Menschen auf vorgeburtliche, frühere Daseinsformen zurückweist. *Die Wissenschaft vom Menschen muß das in der ganzen Natur waltende Kontinuitätsgesetz, wonach Leben nur aus Leben stammt, auch auf das Seelische übertragen und einsehen, daß auch Seelisches nur aus Seelischem stammen kann und nicht auf Materielles zurückgeführt werden darf.*

Die Idee von Wiederverkörperung und Schicksal ist deshalb von so zentraler Bedeutung, weil sie den Menschen in seinem Wesenskern, in seinem „Allerheiligsten" trifft. Wenn wir auch noch kein kontinuierliches Bewußtsein besitzen und unsere vorgeburtliche Vergangenheit ganz vergessen haben, so können wir uns doch mit der *Kraft eines unbefangenen und logischen Denkens* zu einer Überzeugung hindurchringen, wie sie der Schriftsteller Gotthold Ephraim Lessing in einer kurz vor seinem Tod verfaßten Schrift über „Die Erziehung des Menschengeschlechtes" (Anm. 15) zum Ausdruck gebracht hat. Lessing war ein Aufklärer, der mit seinem Rationalismus nicht bloß die mittelalterlichen Vorstellungen von Jenseits, Himmel und Hölle liquidierte, sondern mit neuen Quellen der Erkenntnisfindung – *Lebenserfahrung und Vernunft* – das Werden des Menschen und sein zur Vervollkommnung ange-

legtes Ich zu erfassen suchte. In seinem Kommentar zu Lessings Dramen und Schriften schreibt Erich Ruprecht:
„Und was uns heute an diesen Werken so besonders anzieht, ist letztlich die auf alle äußeren Wirkungsmittel verzichtende Wahrhaftigkeit der Menschenschilderung. Seine Gestalten sind Menschen im Kampf um ihre Menschlichkeit, wobei sie sowohl in moralischem Konflikt mit sich wie mit der Umwelt stehen. Was uns ergreift, ist daher die Sichtbarwerdung der geistigen Wesensgestalt, die im Ringen um die Selbständigkeit aus den Scheinforderungen hervortritt."
Die um die Osterzeit des Jahres 1780 geschriebenen hundert Paragraphen der „Erziehung des Menschengeschlechtes" sind Thesen, in welchen Lessing den Weg des Menschen zur Selbständigkeit und Freiheit schildert, den man allgemein die „Geschichte" nennt. Dabei unterscheidet er *drei Entwicklungsstufen,* die die Seele durchzumachen hat. Die erste, alttestamentliche Stufe entspricht der Kindheit, in der der Mensch durch Gebote und unmittelbare, sinnliche Strafen erzogen werden mußte. Auf der zweiten, neutestamentlichen Stufe sollte der Mensch sein Erdenleben an einem Unsterblichkeitsglauben orientieren und im Hinblick auf ein höheres, ewiges Leben „eine innere Reinigkeit des Herzens" anstreben. Auf einer dritten, erst in den Anfängen stehenden Stufe glaubt Lessing die Offenbarungen des alten und neuen Testaments entbehren zu können, weil der Mensch durch eigenständiges Denken die Offenbarungs- in Vernunft-Wahrheiten umzuwandeln lernen muß. Er ist überzeugt, daß die Zeit eines „neuen ewigen Evangeliums" kommen wird, in der jeder einzelne Mensch „das Gute tun wird, weil es das Gute ist".
Mit seiner logisch und konsequent argumentierenden Vernunft kommt Lessing im letzten Teil seiner Schrift zur Lehre von der Wiederverkörperung der Menschenseele. Die Menschheit kann die angedeutete Vervollkommnung nur vollziehen, wenn jede einzelne Seele die verschiedenen Entwicklungsstufen der Geschichte durch viele Verkörperungen miterfahren und mitgestalten kann.

Lessing wußte, daß die Lehre von der Reinkarnation des Menschen schon von den orientalischen Weisen vertreten und durch die Ägypter bis auf Pythagoras und Plato überliefert worden war, um dann im abendländischen Kulturraum weitgehend in Vergessenheit zu geraten. Im Abendland konnte sie erst wieder auferstehen, nachdem das diesseitig ausgerichtete naturwissenschaftliche Denken den *Evolutionsgedanken* konzipiert hatte. In der orientalischen Seelenwanderungslehre hatte das Gespenst einer ewigen Wiederkehr des Gleichen im Rad der wiederholten Erdenleben zum Nirwanaglauben (sanskr. nirvana = Erlöschen) geführt, nach dem die Seele nach einer Befreiung vom Leid des Sinnesdaseins suchen sollte. Auch im Mittelalter gab es noch weltflüchtige Weltanschauungen, so zum Beispiel den Neuplatonismus.
Die wiederholten Erdenleben haben aber nur dann einen Sinn, wenn sie der *Entwicklung und Vervollkommnung des Menschen* dienen. So hat Lessing seine Reinkarnationslehre ja aus dem Gedanken einer Entwicklung des Menschengeschlechtes abgeleitet und damit zur Auferstehung der Reinkarnationslehre im Abendland beigetragen. Da die Evolutionslehre der Naturwissenschaft aber erst nach Lessing konzipiert worden ist, blieb es Rudolf Steiner vorbehalten, sie in eine vor dem modernen Diesseitsbewußtsein verantwortbare Form zu bringen.
Die Idee einer Entwicklung des ewigen Menschengeistes durch viele Erdenleben hindurch schließt notwendig die Frage in sich: „Wie hängen diese mannigfaltigen Leben miteinander zusammen? In welchem Sinne ist das Leben eines Menschen die Wirkung seiner früheren Verkörperung, und wie wird es zur Ursache der späteren?" Diese Frage stellt Rudolf Steiner am Anfang eines Aufsatzes „Wie Karma wirkt", der erstmals im Jahre 1903 in der Zeitschrift „Luzifer-Gnosis" erschienen war (GA 34).
Um das *Wirken des Karmas im Entwicklungsstrom der wiederholten Erdenleben* zu erläutern, wird der viel kleinere Lebensrhythmus von *Wachen* und *Schlafen* herangezogen. Wenn wir am Morgen aufstehen, knüpfen wir unser Tun und Lassen an die Tätig-

keiten des vorigen Tages an und setzen sie fort: Meine gestrigen Taten sind die Ursachen meines heutigen Schicksals. Und meine gestrigen Erlebnisse prägen mein heutiges Verhalten, weil ich aus den Erfahrungen lerne und mein Handeln danach zu verbessern suche. Das Leben wäre sinnlos, wenn dieser karmische Zusammenhang zwischen Vergangenheit und Gegenwart nicht bestünde, so wie es doch sinnlos wäre, ein Haus, das ich mir bauen ließ, nicht zu beziehen.

Die Kraft, welche die gestrigen Erlebnisse und Taten mit dem heutigen Verhalten verknüpft, ist die *Gedächtniskraft;* denn sie ist es, in der die früheren Erfahrungen aufbewahrt bleiben und die das heutige Tun bestimmt.

Dieser für den kleinen Lebensrhythmus von Wachen und Schlafen selbstverständliche Zusammenhang der Lebensereignisse im Zeitenstrom gilt aber auch für die großen Lebensrhythmen von Erdenleben und Totendasein. Obwohl es sich hierbei um viel größere Zeiträume handelt, die wir mit unserem Diesseitsbewußtsein nicht überblicken können, kann doch der Menschengeist nur in einer Schicksalsumgebung leben, die er sich durch seine Taten selbst geschaffen hat. Da wird der Einwand wohl begreiflich sein, daß sich die Weltverhältnisse in der Zeit zwischen zwei Verkörperungen derart verändert haben werden, daß die Wirkungen meiner früheren Taten kaum mehr vorhanden sein können. Diesem Einwand liegt aber eine äußerliche Schicksalsauffassung zugrunde. Wenn jemand von Europa nach Amerika auswandert, so findet er dort ganz andere äußere Verhältnisse als in Europa. Und doch wird sein Leben in Amerika ganz davon abhängen, wie er zuvor in Europa gelebt hat. Mein Vorleben, meine Wünsche und Interessen bestimmen die Umgebung, in der ich am neuen Ort weiterleben werde. So bestimmt der Mensch durch sein Verhalten in einem Erdenleben sein Schicksal und die Lebensumstände, die er im nächsten Erdenleben antrifft.

Das Karmagesetz hat nur für eine auf das Diesseits beschränkte Lebensauffassung eine fatalistische Seite, die uns am *Walten einer ausgleichenden Gerechtigkeit* zweifeln läßt. Erst durch eine das Jenseits mitberücksichtigende Weltansicht wird begreiflich, warum

„der Gute oft leiden muß und der Böse glücklich sein kann. Diese scheinbare Disharmonie des einen Lebens verschwindet, wenn der Blick erweitert wird auf die vielen Leben" (Rudolf Steiner).
Wenn wir, wie schon oben angedeutet, den Evolutionsgedanken auf das *Seelisch-Geistige* erweitern und die Denknotwendigkeit einer Höherentwicklung des Menschen durch eine Reihe aufeinanderfolgender Erdenleben einsehen können, verstehen wir auch, wie der Primitive noch ganz aus seinen körperlichen Trieben und Begierden heraus handelte und dank den in den leibfreien Zwischenzuständen zu Fähigkeiten umgewandelten Lebenserfahrungen allmählich nach vielen Verkörperungen seinem Schicksal und der Welt immer reifer und freier gegenüberzustehen lernt. Im oben erwähnten Aufsatz schreibt Rudolf Steiner dazu:
„Er erwirbt sich das Wissen, die Kenntnis der Gesetze seiner Umwelt; mit anderen Worten: er vollbringt immer mehr mit Bewußtsein, was er vorher in Dumpfheit vollbracht hat. Immer geringer wird der Zwang der Umwelt; immer mehr vermag der Geist sich selbst zu bestimmen. Der Geist aber, der sich aus sich selbst bestimmt, das ist der *freie Geist.* Ein Handeln im vollen Lichte des Bewußtseins ist ein *freies Handeln.* Die volle Freiheit des Menschengeistes ist das *Ideal* seiner Entwicklung. Man kann nicht fragen: Ist der Mensch frei oder unfrei? Die Philosophen, welche die Frage nach der Freiheit so stellen, können niemals zu einem klaren Gedanken darüber kommen. Denn der Mensch ist im gegenwärtigen Zustande weder frei noch unfrei; sondern er befindet sich *auf dem Wege zur Freiheit.* Er ist teilweise frei, teilweise unfrei. Er ist in dem Maße frei, als er sich Erkenntnis, Bewußtsein des Weltzusammenhanges, erworben hat. – Daß unser Schicksal, unser Karma in Form einer unbedingten Notwendigkeit an uns herantritt, ist kein Hindernis unserer Freiheit. Denn wenn wir handeln, treten wir ja mit dem Maße unserer Selbständigkeit, das wir uns erworben haben, an dieses Schicksal heran. Nicht das Schicksal handelt, sondern wir handeln in Gemäßheit der Gesetze dieses Schicksals."
In diesem Zusammenhang dürfte auch die Frage, wie *lange* das Leben im Totenreich zwischen zwei Verkörperungen dauert, von

einigem Interesse sein. Diese Frage kann allerdings nur durch übersinnliche Forschung in jedem konkreten Einzelfall beantwortet werden. Ein wichtiger Gesichtspunkt kann jedoch die Überlegung sein, daß der Mensch als Mittler zwischen Geist und Materie, Himmel und Erde nur dann maßgeblich an der Menschheitsentwicklung teilhaben kann, wenn er die wichtigsten Entwicklungsstufen auf der Erde miterlebt. Wie uns die Geschichte lehrt, blühen, leben und verfallen Menschenkulturen im Verlaufe weniger Jahrtausende. Nach Angaben von Rudolf Steiner inkarniert sich ein Menschen-Ich durchschnittlich zweimal – einmal als Mann und einmal als Frau – innerhalb einer Kulturepoche, *also rund alle tausend Jahre einmal,* wobei in Einzelfällen bedeutend längere oder kürzere Zeitabschnitte zwischen zwei Verkörperungen möglich sind.

Im Lichte der Geisteswissenschaft wird auch die gegenwärtige Bevölkerungsexplosion auf der Erde verständlich. Bekanntlich hat die Erdbevölkerung von rund 200 Millionen Menschen zur Zeit Christi auf eine Milliarde um 1600 und 4,5 Milliarden heute zugenommen. Dank der großen Fortschritte in der Medizin und Hygiene ist die Lebenserwartung auf der Erde bedeutend angestiegen; andererseits hat das beschleunigte Entwicklungstempo in der Neuzeit wohl viele Seelen veranlaßt, sich wieder früher zu inkarnieren, als das bei der langsamen Evolution in früheren Zeiten notwendig war. Aber nur eine materialistische Lebensansicht kann an eine *unbegrenzte* Bevölkerungsexplosion glauben. Für eine spirituelle Lebensauffassung muß die Zahl der Menschenseelen beschränkt und die Zahl der Lebenden auf der Erde immer viel kleiner sein als die der Toten, ganz im Sinne des Gedichtes von Conrad Ferdinand Meyer, nach dem die Toten viel zahlreicher sind als die Lebenden auf der Erde. (Anm. 16)

Mensch und Kosmos

In den bisherigen Ausführungen haben wir versucht, die Grundzüge einer Wissenschaft vom Menschen zu skizzieren und uns bemüht, die Ergebnisse übersinnlicher Forschung gegenüber unserem Diesseitsbewußtsein so zu verantworten, daß wir die Mitteilungen des Geistesforschers Rudolf Steiner an den äußeren Lebenstatsachen prüfen und uns fragen: „Gibt es eine befriedigende Erklärung des Lebens, wenn die Dinge wahr sind, die da behauptet werden?"

Wir haben nun gesehen, daß *dem Menschen im Weltganzen eine einzigartige Sonderstellung* zukommt, indem er sowohl an der *materiellen Erdenwelt* als auch an der *kosmisch-geistigen Welt* Anteil hat und dadurch zu einem *Mittler* zwischen Kosmos und Erde, Geist und Materie berufen ist. Diese Mission erfüllt er durch den großen Rhythmus wiederholter Erdenleben, durch die er an seiner eigenen Vervollkommnung arbeitet und damit auch die gesamte Menschheitsentwicklung im Sinne des göttlichen Weltenplanes vorwärtsbringt.

Während eines Erdenlebens verbindet sich das Ich mit den drei Leibeshüllen, die die Geisteswissenschaft als physischen Leib, Ätherleib und Astralleib bezeichnet. Durch die Arbeit des Ichs in diesen drei Leibeshüllen und die Auseinandersetzung mit der Erdenwelt entsteht ein eigenständiger, seelischer Bereich des Menschen, der zwischen der ewigen Geistwelt und der vergänglichen Sinneswelt vermittelt. Diese *dreifache Beziehung des Menschen zum Weltganzen* wurde bereits wie folgt zusammengefaßt:

„So ist der Mensch *Bürger dreier Welten.* Durch seinen *Leib* gehört er der Welt an, die er auch mit seinem Leibe wahrnimmt; durch seine *Seele* baut er sich eine eigene Welt auf; durch seinen

Geist offenbart sich ihm eine Welt, die über die beiden anderen erhaben ist." (GA 9)

Hymnos vom Menschen

Angesichts der weltweiten Krise, in der sich die Menschheit heute befindet, wäre der *Einwand* durchaus verständlich, daß uns der Mensch heute mehr wie ein „elender Wurm" als ein Vermittler im göttlichen Weltenplan erscheint. Im gegenwärtigen naturwissenschaftlich-technischen Zeitalter ist das *wahre Wesen des Menschen eben fast ganz verfinstert* worden, damit wir ganz auf uns selber gestellt würden und aus freier Initiative ein eigenständiges Wissen von unserem Wesen und unserer Bestimmung erwerben könnten, wie das Lessing in seiner „Erziehung des Menschengeschlechtes" vorausgesehen hatte.

Noch nicht so lange ist es her, da lebte in den Seelen ein ganz anderes *Menschenbild*, wie das der „Hymnos vom Menschen" des Bischofs Nemesios von Emesa (Anm. 17) um das Jahr 400 eindrücklich zeigt:

„Wer kann da den Adel dieses Menschen in würdiger Weise bewundern? Der Mensch verbindet in eigener Person das Sterbliche mit dem Unsterblichen, er verknüpft die Vernunft mit dem Unvernünftigen, er trägt in seiner eigenen Natur das Abbild der gesamten Schöpfung, darum hat man ihn auch als ‚Kleinwelt' (Mikrokosmos) bezeichnet. Gott hielt ihn so großer Fürsorge für würdig. Um des Menschen willen besteht alles Gegenwärtige und Zukünftige, um seinetwillen ist sogar Gott Mensch geworden, des Menschen Dasein endet mit der Ewigkeit, er entgeht dem Tode, er ist König der Himmel, da er nach dem Ebenbild und Gleichnis Gottes geschaffen ist; er lebt mit Christus, er ist Gottes Kind, er thront über aller Macht und Herrschaft. Wer vermag die Reichtümer dieses Menschen aufzuzählen? Die Meere durchwandert der Mensch, er dringt mit seiner Beobachtung bis zum Himmel, er errechnet die Bewegung der Sterne, ihre Entfernungen und Größen. Erde und Meer macht er sich zunutzen. Er verachtet die wilden

Tiere und die Walfische. Jede Art von Wissenschaft, Kunst und Forschung handhabt er in der rechten Weise. Durch die Schrift verkehrt er mit jedem beliebigen Menschen, ohne vom Körper behindert zu sein. Er sagt die Geschehnisse der Zukunft voraus. Über alles herrscht er, über alles ist er Meister, von allem genießt er, mit Engeln und mit Gott hält er Zwiesprache, er befiehlt der Schöpfung, Geistern gebietet er, die Natur der Dinge ergründet er, mit Gott beschäftigt er sich eifervoll, er wird eine Wohnstatt und ein Tempel Gottes. Das alles ist der Gewinn der Tugenden und der Frömmigkeit.

Um jedoch bei einigen nicht den Eindruck zu machen, als schrieben wir in geschmackloser Weise ein Loblied auf den Menschen, und um nicht den Anschein zu erwecken, als schilderten wir, unserer Aufgabe entsprechend, bloß seine Natur, so wollen wir hier einmal die Darstellung unterbrechen; allerdings erklären wir in erster Linie die Natur selbst, wenn wir von den reichen Gaben seiner Natur sprechen. Nun wissen wir welch' hohen Adels wir teilhaft geworden und daß wir eine Himmelspflanze sind. Darum wollen wir unsere Natur nicht schänden, wir wollen uns so hoher Gaben nicht unwert zeigen, wir wollen uns nicht selbst um solche Macht, solchen Ruhm und solche Glückseligkeit bringen dadurch, daß wir für wenige Augenblicke und für eine kurze Lust den Genuß der ganzen Ewigkeit preisgeben. Wir wollen uns im Gegenteil unsern Adel bewahren durch die edlen Werke, die Enthaltung vom Bösen, durch die rechte Absicht, mit der gerade die Gottheit gewöhnlich zusammenarbeitet, und durch die Gebete.“

Die Anthroposophie möchte dem modernen Menschen zu einer Selbsterkenntnis verhelfen, die der hohen Würde gerecht wird, wie sie im „Hymnos vom Menschen“ zum Ausdruck kommt. Und wie Bischof Nemesios es sagt, können wir uns nur durch solche Selbsterkenntnis vom Bösen bewahren und die Aufgaben ergreifen, zu denen wir berufen sind. Die Bedeutung und Mittlerrolle des Menschen wird auch aus dem *Osiris-Isis-Mythos* (griech. mythos = Legende) deutlich, der nach Hemleben als zentrale Grundlage des ägyptischen Totenbuches angesehen wird:

„Osiris, der Gemahl der Isis, war ein mächtiger König im Lande

Ägypten. Ihm verdankten seine Bewohner Wohlstand, Fortschritt und eine hohe kulturelle Blüte. Doch Osiris hatte einen Feind: Es war Seth, sein eigener Bruder. Bei einem festlichen Mahl führte Seth seinen Gästen eine höchst kunstvoll gearbeitete, sargähnliche Lade vor und versprach sie demjenigen zum Geschenk, der mit seinem Körper am besten hineinpassen würde. In Wirklichkeit hatte er die Lade genau nach den Maßen des Königs Osiris anfertigen lassen. Kaum hatte dieser sich nun zur Probe in den Kasten gelegt, sprangen 72 Verschworene hinzu, warfen den Deckel zu und verschlossen den Sarg, so daß Osiris erstickte. Danach übergaben sie die Lade dem Nil, der sie bis ins Mittelmeer trug. Bei Biblos in Phönizien wurde der Sarg mit dem Leichnam von Osiris an Land gespült. Inzwischen aber irrte Isis, die trauernde Gemahlin des Osiris, suchend durch alle Lande. Sie fand endlich die von den Wogen ans Ufer geschwemmte Lade und ließ den ihr so teuren Leichnam nach Ägypten zurückbringen und dort verbergen. Sie selbst zog sich mit ihrem Kind, dem nach dem Tode des Vaters geborenen Horusknaben, in die Einsamkeit des Nildeltas zurück. Doch Seth fand auf einer Eberjagd den Leichnam seines Bruders. In seiner Wut zerstückelte er ihn in vierzehn Teile, die er ringsum im Lande verstreute. Isis erhielt Kunde von dem erneuten Verbrechen. Mit unendlicher Mühe fand sie nach und nach alle vierzehn Glieder, begrub sie an den Fundorten und errichtete dort jeweils heilige Denkmäler, ein Grund, weshalb es in Ägypten so viele Osiris-Gräber gab. Isis hielt sich aber weiter mit Horus verborgen. Als dieser herangewachsen war, suchte er den Vater zu rächen. Und es kam zu einem erbitterten Kampf zwischen ihm und Seth, in dem der Gott Thot Horus Beistand leistete. Beide wurden verletzt. Seth unterlag am Ende, kam aber mit dem Leben davon. Seither wurde Horus als Sonnenfalke verehrt. In Seth, von den Griechen als Typhon identifiziert, aber sahen die Ägypter weiterhin den Geist des Widerstands und des Bösen verkörpert. Osiris gelangte durch die Liebe der Isis und den Kampfesmut seines Sohnes Horus zu neuem Leben: Er wurde der uneingeschränkte König des Totenreiches, der Herr und Richter aller Toten.“

Der Mensch erleidet im Erdenleben das Osiris-Schicksal auch, indem er durch die mächtigen Eindrücke der Sinneswelt und die Versuchungen des Diesseits auf vielen Ab- und Irrwegen sozusagen zerstückelt wird. Die Ägypter ahnten den Gang der Menschheitsentwicklung voraus, der immer tiefer in die materielle Sinneswelt und in die geistige Finsternis führen sollte. Für sie war der Kosmos im Begriffe, eine Mumie zu werden; darum erlebten sie die Erdengeburt als ein Sterben und den Tod als eine Geburt für die geistige Heimat der Seele. Aus dem Totenbuch wird ersichtlich, wie intensiv sie sich auf das nachtodliche Leben vorbereiteten, um vom König der Toten, Osiris, als dessen Sohn aufgenommen zu werden. Die Rolle, die der Mensch mehr und mehr zu ergreifen hat, wird von Gregoire Kolpaktchy in seiner Einführung zum Totenbuch (Anm. 18) wie folgt umschrieben:

„*Das menschliche Wesen befand sich für die altägyptische Weltanschauung im Zentrum des Weltalls; es gab sich kund als eine Art gordischer Knoten, als die größte Hoffnung und oft als Verzweiflung der Götter, als ihr einziger Erbfolger: launisch, willkürlich, seiner selbst unwürdig, aber fähig, die höchsten kosmischen Rangstufen zu erreichen. Denn das Weltall mit seinen Göttern – so sagte sich der Ägypter – litt an einer Art Altersschwäche; es war im Begriff, in eine Art Dämmerzustand zu versinken, und dazu kam der Augenblick, da das menschliche Wesen, jung, kraftstrotzend, mit unendlichen Potentialitäten begabt, von denen es nichts ahnte, auf der Bühne des Weltalls auftauchte. Nie sei der Mensch – meint das Totenbuch – so gottähnlich, wie wenn er seine Hülle abstreift, welche ihn während des Erdenlebens an seine Animalität bindet. Dann schreiten ihm die Götter entgegen – sie brechen in Freudenrufe aus; denn sie erkennen in ihm ein ebenbürtiges Wesen, einen rechtmäßigen Erben.*“

Die Verkörperungen des Menschheitsplaneten

Um einer solchen Aufgabe würdig und gewachsen zu werden, muß der Mensch in vielen Erdenleben das Osiris-Schicksal und den Kampf zwischen Horus und Seth erleiden. Das Erdenleben wird ja dadurch ermöglicht, daß sich das Ich mit einem Astralleib und einem Ätherleib umgibt und mit einem aus der Vererbungsströmung der elterlichen Vorfahren stammenden physischen Leib verbindet. Bei der Betrachtung des Schlafes hatten wir bereits gesehen, daß der Astralleib in der Nacht aus der geistigen Welt die Urbilder empfängt, mit denen der Ätherleib die physische Menschengestalt aufbaut und erhält.

Hier taucht nun die Frage auf: Wie sind die *Urbilder der menschlichen Leibeshüllen entstanden?* Sie müssen sich doch auch in einer langen Evolution wie die pflanzlichen und tierischen Formen auf der Erde entwickelt haben! Nun dürfen wir sicher mit Stolz feststellen, daß die Evolutionslehre des 19. und 20. Jahrhunderts eine der großartigsten Leistungen der modernen Naturwissenschaft ist: Sie bietet uns eine *natürliche Schöpfungsgeschichte* an. Als Ernst Haeckel im Jahre 1868 einem seiner Werke diesen Titel gab, glaubte er damit, der *biblischen Schöpfungsgeschichte* ganz entbehren zu können, weil er die Entwicklung der Erde und des Lebens bis hinauf zum Menschen allein durch materielle, nach kausalen Gesetzen ablaufende Vorgänge zu erklären schien. Je mehr man aber den Kosmos und das Wunder des Lebens auf der Erde kennenlernt, desto mehr staunt man über die Weisheit, die in die Schöpfung hineingelegt worden ist. Wenn der Materialist glaubt, die Evolution rein mechanistisch erklären zu können, so müßte er auch einen elektronischen Taschenrechner, der in Sekundenschnelle Rechenleistungen vollbringt, die früher kaum zu bewältigen waren, durch mechanische Zufälle entstanden glauben. Beim Taschenrechner weiß er, daß er durch menschliche Intelligenz entstanden ist; die viel erstaunlicheren Wunder der Schöpfung will er aber dem „Kartenspiel“ toter Materie zuschreiben?

In seiner „Geheimwissenschaft im Umriß“ (GA 13) (und in vielen Vortragszyklen) schildert Rudolf Steiner im längsten Kapitel des Buches „Die Weltentwicklung und der Mensch“, wie sich die *Evolution von Kosmos, Erde und Mensch* für den Geistesforscher enthüllt. Im Rahmen einer solchen „Einführung in die Geisteswissenschaft“ kann diese *Weltentwicklung* nicht dargestellt werden, sondern muß dem Selbststudium überlassen werden. Immerhin sollen einige *Gesichtspunkte* dazu ausgeführt werden. Das Menschendasein bekommt erst durch die wiederholten Erdenleben einen rechten Sinn, weil die Seele sich nur durch den Rhythmus irdischer Erfahrungen und ihrer „Auswertung" im nachtodlichen, leibfreien Dasein entwickeln und vervollkommnen kann. Im Sinne einer erweiterten Evolutionslehre dürfte uns aber einleuchten, daß auch der *Schauplatz der Menschheitsentwicklung,* den die Geisteswissenschaft als „Menschheitsplaneten" bezeichnet, selbst in noch größeren Evolutionsrhythmen verschiedene Entwicklungszustände durchläuft. Die Gesetze von Wiederverkörperung und Schicksal sind auch auf die Erde als Schauplatz der Menschwerdung anzuwenden: So wie unser jetziges Erdenleben eine karmische Fortsetzung früherer Leben ist, ist auch *die Erde eine Wiederverkörperung früherer planetarischer Entwicklungszustände.* In einem Vortrag vom 23. Juni 1907 (GA 100) weist Rudolf Steiner darauf hin, daß der Geistesforscher gegenwärtig auf *sieben Verkörperungen des Menschheitsplaneten* hinschauen kann. Der jetzigen *Erde* sind drei planetarische Zustände vorausgegangen, die als (alter) *Saturn,* (alte) *Sonne* und (alter) *Mond* bezeichnet werden. In Zukunft wird die Erde drei weitere Zustände durchlaufen, die *Jupiter, Venus* und *Vulkan* heißen. (Die heutigen, mit denselben Namen bezeichneten Planeten sind „Reste" oder „Vorwegnahmen" vergangener oder zukünftiger Erdzustände, die selbst eine Entwicklung durchlaufen und deshalb nicht ohne weiteres mit den planetarischen Zuständen der Erde vergleichbar sind.) Während dieser sieben Verkörperungen des Menschheitsplaneten entwickelt sich der Mensch von ersten Anfängen bis zu einer hohen Vollkommenheitsstufe, wobei *auf jeder Verkörperung je ein Wesensglied* des Menschen hinzukommt: Auf dem *Saturn* sind die ersten Keime des *physischen Leibes,* auf der *Sonne* des *Ätherleibes* und auf dem *Mond* des *Astralleibes* angelegt worden. Zu Beginn der Erdentwicklung waren also die drei Leibeshüllen veranlagt, während das Ich des Menschen sich erst allmählich im Verlauf ihrer *irdischen* Evolution mit ihnen verbunden hat. Da der physische Leib das älteste Wesensglied ist, ist er auch das voll-

kommenste, während das Ich „das Baby unter den Wesensgliedern“ ist (R. Steiner). Wenn wir etwa den Wunderbau eines Knochens, des Auges oder des Herzens und demgegenüber die durch manche Leidenschaften zum Ausdruck kommende Unvollkommenheit der Seele betrachten, so dürfte uns diese Aussage einleuchten. Das Ich wird erst in ferner Zukunft höhere Vollkommenheitsgrade erreichen können, indem es durch seine Arbeit an den Leibeshüllen diese umwandeln und zu höheren Wesensgliedern veredeln wird. So nennt die Geisteswissenschaft den auf dem *Jupiter* umgearbeiteten Astralleib das *Geistselbst,* den auf der *Venus* veredelten Ätherleib den *Lebensgeist* und den auf dem *Vulkan* umgestalteten physischen Leib den *Geistmenschen.*
Wie wir vom gewöhnlichen Leben wissen, ist das Entwicklungstempo verschiedener Menschen außerordentlich unterschiedlich. Es gibt Leute, die sehr schnell lernen und sich in kurzer Zeit bedeutende Fähigkeiten aneignen, während andere weit zurückbleiben und nur langsam Fortschritte machen. Die Geisteswissenschaft weist nun darauf hin, daß diese geläufige Lebenstatsache ein für jede Evolution gültiges *universelles Entwicklungsgesetz* ist: Einzelne Menschen sind durch eine Vorwegnahme von Entwicklungszuständen, die die allgemeine Menschheit erst viel später durchmacht, zu Menschheitsführern geworden, die in alten Zeiten die Völker als Priesterkönige anführten und regierten. Das Bild des Hirten, der seine Schafe lenkt und hütet, paßt sehr wohl auf diese historische Tatsache. So sind auch ganze Menschengruppen rascher vorangeschritten und haben bedeutende Kulturepochen begründet, während andere zurückblieben und teilweise noch als primitive Naturvölker leben. Die Geistesforschung zeigt aber auch, daß auf früheren planetarischen Zuständen der Erde zur Menschwerdung veranlagte Wesen das Entwicklungsziel nicht erreichten und sozusagen als „verhinderte Menschen“ nun auf der Erde die Naturreiche – Tiere, Pflanzen und Steine – bevölkern. Dieses Vorauseilen und Zurückbleiben von Wesen ist aber nur die eine Seite dieses universellen Entwicklungsgesetzes. So wie in einem idealen Klassenverband einer Schule die fortgeschritteneren Schüler ihren schwächeren Kameraden helfend beistehen soll-

ten, können die weiter fortentwickelten Menschen ihren „Vorsprung" im Weltenplan nur dadurch „rechtfertigen", daß sie den weniger fortgeschrittenen Menschen eine (richtig verstandene!) *Entwicklungshilfe* zukommen lassen. Dieser anderen Seite des Entwicklungsgesetzes liegt eigentlich der *Erlösungsgedanke* zugrunde, der die Menschen auch zur Erlösung der Kreatur verpflichtet, wie das Paulus einmal im Römerbrief so schön sagt: (Anm. 19)

„Denn das ängstliche Harren der Kreatur wartet auf die Offenbarung der Kinder Gottes. Sintemal die Kreatur unterworfen ist der Eitelkeit ohne ihren Willen, sondern um deswillen, der sie unterworfen hat, auf Hoffnung.

Denn auch die Kreatur wird frei werden von dem Dienst des vergänglichen Wesens zu der herrlichen Freiheit der Kinder Gottes. Denn wir wissen, daß alle Kreatur sehnt sich mit uns und ängstet sich noch immerdar."

Dieses Pauluswort könnte einmal eine tiefgreifende Grundlage für einen echten Natur- und Umweltschutz werden!

Natürlich sind die angedeuteten Mitteilungen des Geistesforschers über frühere und zukünftige Verkörperungen des Menschheitsplaneten und noch zu entwickelnde, höhere Wesensglieder für uns erst in sehr groben Umrissen faßbar; aber erstaunlich ist, daß die Okkulisten (lat. occultare = verbergen) alter Zeiten bei der Festlegung der *Wochentage* diesen Entwicklungsgang der Menschheit wie in einem *Monument* verewigt haben. Vorauszuschicken ist, daß sie die Erdentwicklung in zwei Phasen unterteilt haben. Die erste *evolutive* Phase, in der die Naturreiche entstanden sind, nannten sie die *Marsphase;* die zweite *involutive* Phase, in der das Ich die Leibeshüllen ergreifen lernt, bezeichneten sie als *Merkurphase.* So erinnern die *Namen der sieben Wochentage* an diese aufeinanderfolgenden Zustände des Menschheitsplaneten, wobei der letzten Phase des Vulkans als einer Art Wiederholung des Saturns auf viel höherer Entwicklungsstufe wie die Oktave bei den musikalischen Tonleitern kein achter Wochentag mehr zugeordnet wurde (siehe Tabelle 2, Seite 78).

Tabelle 2: Die Verkörperungen des Menschheitsplaneten und die Namen der Wochentage

Verkörperungen	Wochentage				Wesensglieder
Saturn	Saturntag	Samedi	Saturday	Samstag	Physischer Leib
Sonne	Sonntag		Sunday	Sonntag	Ätherleib
Mond	Mondtag	Lundi	Monday	Montag	Astralleib
Erde Mars	Marstag	Mardi	Tuesday	Dienstag	*Ich*
Merkur	Merkurtag	Mercredi	Wednesday	Mittwoch	
Jupiter	Jupitertag	Jeudi	Thursday	Donnerstag	Geistselbst
Venus	Venustag	Vendredi	Friday	Freitag	Lebensgeist
Vulkan					Geistmensch

Die geistigen Hierarchien

Wir haben die Menschheitsentwicklung und die Verkörperungen des Menschheitsplaneten bisher in der Passivform angedeutet, als ob sich die Evolution wie von selbst ereignet habe. Zieht man all die Intelligenz und Weisheit in Betracht, die dem Weltenplan zugrundeliegt und in der Schöpfung in Erscheinung tritt, so wäre der Glaube unrealistisch, daß sich diese Entwicklung wie von selbst vollzogen haben soll. Es müssen vielmehr bewußtseinsmäßig *höher stehende, geistige Wesenheiten* diese Entwicklung geplant und verwirklicht haben. Die ältere Kulturmenschheit hatte durch hellsichtige Fähigkeiten ihrer Führer noch ein Wissen von diesen göttlichen Wesen, welche Kosmos, Erde und Mensch geschaffen haben. Je nach ihrer Eigenart haben die verschiedenen Kulturvölker dieses Wissen in den unterschiedlichsten *Religionen* (lat. religio = Wiedervereinigung mit Gott) zur Darstellung gebracht. In der Neuzeit ist dieses Wissen weitgehend verlorengegangen und wird in neuer Form wieder erworben werden müssen. Wie uns die Fresken in mittelalterlichen Kirchen zeigen, war die Kenntnis von solchen himmlischen Wesen bis ins christliche Weltbild des Mittelalters überliefert geblieben. Eine der schönsten Darstellungen der göttlichen Himmelsscharen befindet sich im Kuppelraum des

Baptisteriums in Florenz als Mosaik aus dem 13. und 14. Jahrhundert.
Die *christliche Hierarchienlehre* (griech. hieros = heilig, arkhein = befehlen) ist im 5. oder 6. Jahrhundert durch einen unbekannten Verfasser aufgeschrieben worden, der unter dem Namen Dionysius, der Areopagite, bekannt geworden ist. Seine Schrift über „Die Hierarchien der Engel und der Kirche" (Anm. 20) wurde im Religionsgespräch von Konstantinopel im Jahre 533 allgemeines Gedankengut der Kirche. Während die Hierarchienlehre in den ersten christlichen Jahrhunderten noch als Überlieferung des Paulusschülers Dionysius der Areopagite (Apostelgeschichte 17,34) galt, hat die wissenschaftliche Kritik in neuerer Zeit sie als verschristlichte Inhalte gnostischer und neuplatonischer Philosophen (z. B. Proklos) deklariert und behauptet, der unbekannte Verfasser habe sich das Pseudonym „Dionysius" gegeben, um damit anzudeuten, daß er die Hierarchienlehre auf christliche Offenbarung gegründet wissen wollte. Aufgrund geisteswissenschaftlicher Forschung hat Rudolf Steiner den wahren Sachverhalt jedoch wie folgt dargestellt (GA 93 a, Vortrag vom 8. Oktober 1905):
„Die Lehre von den Göttern ist zuerst in ein System gebracht worden von dem Schüler des Apostels *Paulus, Dionysius dem Areopagiten.* Sie ist aber erst im 6. Jahrhundert aufgeschrieben worden. Die Gelehrten leugnen deshalb die Existenz des Dionysius Areopagita und sprechen von den Schriften des Pseudo-Dionysius, als ob man erst im 6. Jahrhundert alte Überlieferungen zusammenstellt habe. Der wahre Sachverhalt ist nur zu konstatieren durch das Lesen in der Akasha-Chronik. Die Akasha-Chronik aber lehrt, daß Dionysius wirklich in Athen gelebt hat, daß er von Paulus eingeweiht worden ist und von ihm den Auftrag erhalten hat, die Lehre von den höheren Geistwesen zu begründen und besonderen Eingeweihten zu erteilen. Gewisse hohe Lehren wurden damals niemals aufgeschrieben, sondern nur durch mündliche Tradition fortgepflanzt. Auch die Lehre von den Göttern wurde so von Dionysius seinen Schülern gegeben und von diesen wiederum weitergegeben. Der direkte Schüler wurde dann mit Absicht wieder Dionysius genannt, so daß der letzte, der die Lehre von den

Göttern aufschrieb, einer in dieser Reihe war, die alle Dionysius genannt wurden."

Die *Hierarchienlehre des Dionysius* kann wesentlich zum Verständnis des großen *Kampfes zwischen dem geozentrischen und dem heliozentrischen Weltbild an der Wende zur Neuzeit* beitragen. Danach schuf Gott den Himmel und die irdische Schöpfung als Abbild seines eigenen vollkommenen Vorbildes und wollte durch *eine heilige Rangordnung himmlischer Engelschöre* den Menschen zur Nachahmung seiner Vollkommenheit heranbilden. Die Engelschöre selbst sind für den Erdenmenschen zwar unsichtbar geworden; sie sollten jedoch wenigstens durch die *Himmelsgestirne* einen sichtbaren Ausdruck erhalten. So war doch für den mittelalterlichen Menschen das Universum Ausdruck göttlicher Wirksamkeiten. Das *geozentrische Weltbild* mit der Erde als Zentrum göttlicher Fürsorge war für ihn deshalb die einzig mögliche Weltordnung: Auf der *Erde* durchläuft der Mensch die Pilgerfahrt zur Reinigung seiner Seele; die *Planeten* markieren die Wirkungssphären helfender Engelschöre, und der *Tierkreis* des Fixsternhimmels bildet einen Reigen höchster hierarchischer Wesen, die im unmittelbaren Anblick Gottes die Welt erhalten und behüten. Dionysius teilte diese Himmelsscharen in dreimal drei Rangordnungen ein, die geozentrisch den Planetensphären und dem Fixsternhimmel zugeordnet wurden, wobei auch der Mond und die Sonne zu den im Altertum und Mittelalter bekannten Planeten Merkur, Venus, Mars, Jupiter und Saturn gehörten (siehe Abb. 4).

Mit der im Mittelalter immer besser ausgebildeten Fähigkeit des intellektuellen Denkens und infolge des Angewiesenseins auf die reine Sinneserfahrung mußte zu Beginn der Neuzeit das der Sinnesbeobachtung gemäße *heliozentrische Weltbild* des Sonnensystems zum Durchbruch gelangen. Zwar hatte schon Aristarchos von Samos (um 265 vor Chr.) dieses System als Denkmöglichkeit konzipiert, aber erst im ausgehenden Mittelalter waren die Beziehungen zum alten Mysterienwissen so weit aufgelöst und der auf der Sinnesbeobachtung gegründete Verstand so weit ausgebildet, daß das Interesse ganz auf die physischen Verhältnisse des Sonnensystems ausgerichtet wurde und der rein physikalische

Aspekt als einzig mögliche Wahrheit gelten mußte. (Siehe Tabelle 3)

Tabelle 3: Die geistigen Hierarchien und die Sternenwelt

Gestirne	Symbol	Deutsche Namen der Hierarchien	Griech.-lat. Namen
Empyreum		Weltenschöpfer, Gott	Logos
Primum Mobile		Geister der Liebe	Seraphimes
Tierkreis		Geister der Harmonie	Cherubimes
Saturn	♄	Geister des Willens	Throni
Jupiter	♃	Geister der Weisheit, Herrschaften	Kyriotetes, Dominationes
Mars	♂	Geister der Bewegung, Mächte	Dynamis, Principates
Sonne	☉	Geister der Form, Gewalten	Exusiai, Protestates
Venus*	♀	Geister der Persönlichkeit, Fürsten	Archai, Virtutes
Merkur*	☿	Feuergeister, Erzengel	Archangeli
Mond	☾	Söhne des Lebens, Engel	Angeli
Erde	♁	Geister der Freiheit, Menschen	Anthropos

* Venus und Merkur wurden in der neueren Astronomie vertauscht

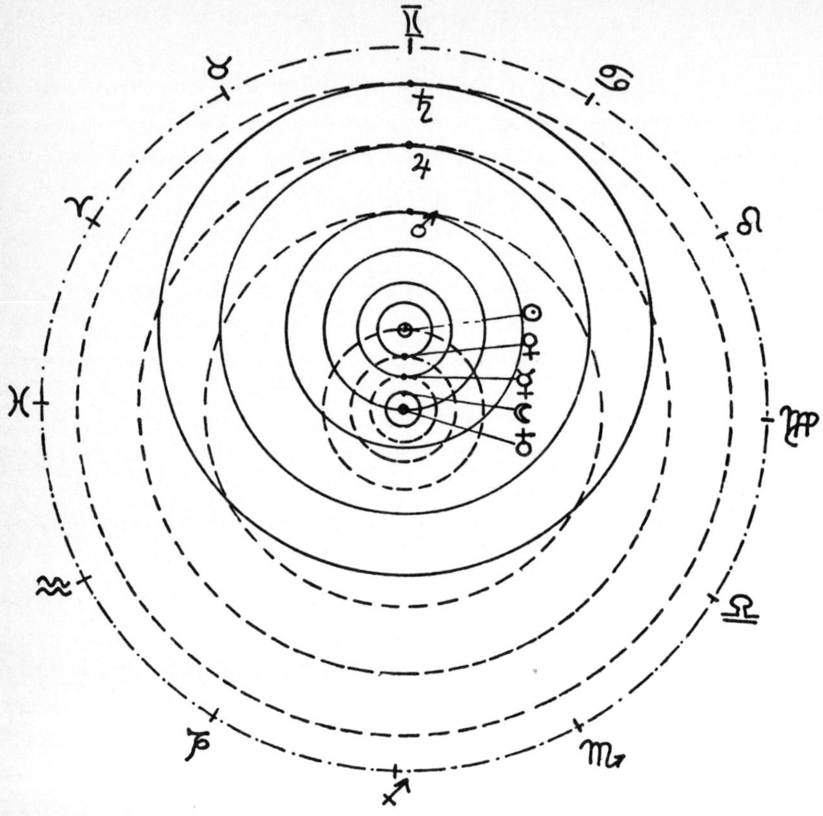

(heliozentrisches System: ———————— geozentrisches System: - - - - - - - -)

Abb. 4

Heute kann man vielleicht besser verstehen, warum die Kirche als Hüterin uralter Offenbarung und Tradition das neue Weltbild scharf bekämpfte und zu verhindern suchte. Ihre Vertreter ahnten wohl, in welch gefährliche Entfremdung vom Göttlich-Geistigen der Mensch durch das moderne Denken geraten könnte. Heute wissen wir, daß diese Ahnung richtig war; aber wir müssen auch bedenken, daß dieses von Kopernikus und Galilei begonnene *„Abenteuer der Vernunft"* (Immanuel Kant) *ein für die Erlangung der Freiheit notwendiges Menschheitsschicksal* war.

Im Kapitel „Die Weltentwicklung und der Mensch" der „Geheimwissenschaft im Umriß" von Rudolf Steiner (GA 13) werden die Wirksamkeiten der verschiedenen himmlischen Hierarchien bei der Erschaffung des Menschen während der bisherigen Verkörperungen des Menschheitsplaneten ausführlich geschildert. Diese geistigen Wesen durchschreiten selbst dabei eine Evolution und unterliegen ebenso dem oben erwähnten universellen Entwicklungsgesetz. So gibt es auch solche Wesen, die das Entwicklungsziel einer Evolutionsphase nicht erreichen, zurückbleiben und sich dann als *Widersachermächte* der normalen Entwicklung hemmend gegenüberstellen, wie das im Osiris-Isis-Mythos schon sichtbar geworden ist. Während die Ägypter und die Griechen im Altertum sich vorwiegend mit dem *Rätsel des Todes* auseinandersetzen (Ägyptisches Totenbuch!), steht für den neuzeitlichen Menschen das *Problem des Bösen* im Vordergrund. So hat sich Goethe lebenslang mit dem Bösen beschäftigt und mit der Gestalt des *Mephistopheles* in seinem „Faust" jene Widersachermacht dargestellt, die bei den alten Persern als *Ahriman* und bei den alten Ägyptern als *Seth* bezeichnet worden war.

Mephistopheles stellt sich dem Faust mit den folgenden Worten vor:

„(Ich bin) Ein Teil von jener Kraft,
Die stets das Böse will
und stets das Gute schafft.
Ich bin der Geist,
der stets verneint!
Und das mit Recht;

denn alles, was entsteht,
Ist wert, daß es zugrunde geht;
Drum besser wär's,
daß nichts entstünde.
So ist denn alles, was ihr Sünde,
Zerstörung, kurz das Böse nennt,
Mein eigentliches Element."

Wie Goethe es im „Prolog im Himmel" andeutet, gehört auch der Widersacher in das Konzept des weisheitsvollen Weltenplanes: indem er dem Menschen hemmend entgegentritt und das Böse will, muß sich der Mensch viel mehr anstrengen und bemühen. So schafft Mephistopheles an der Menschwerdung mit und bewirkt damit ungewollt das Gute.

Anthroposophie und Christentum

Es ist schon lange her, als in einem theologischen Gespräch die Auffassung von Emil Brunner, damals Ordinarius für Theologie an der Universität Zürich, über den Gang Christi auf dem See Genezareth in die Diskussion gebracht wurde. Professor Brunner soll einmal gesagt haben, daß er sich zwingen müsse, das „Wunder" zu glauben, weil er es mit seinem Verstand nicht begreifen könne. Diese Schwierigkeit dürfte wohl gegenüber weiteren „Wundern" bestanden haben. An einer derartigen Aussage eines bedeutenden Theologen wird deutlich, wie das naturwissenschaftliche Denken in der Seele des heutigen Menschen einen *beinahe unüberbrückbaren Zwiespalt zwischen den Bedürfnissen des Herzens und den Interessen des Kopfes* erzeugen kann. Immer mehr Menschen empfinden die Tatsache, daß das naturwissenschaftliche Denken die religiösen Bedürfnisse ihres Gemütes nicht befriedigen und nur eine trostlose Perspektive liefern kann, wie einen Alpdruck. Manche trösten sich damit, daß volle Klarheit über diese Fragen der menschlichen Seele versagt sei. Sie denken naturwissenschaftlich, soweit die Sinneserfahrung und der Verstand es erfordern, halten jedoch an ihren anerzogenen religiösen Empfindungen fest und bleiben gegenüber den tieferen Daseinsfragen mit ihrem Denken lieber im dunkeln.

Wie sehr *naturwissenschaftliche Denkungsart die mächtigste Gewalt im modernen Geistesleben* geworden ist, die nach und nach noch die letzten Reste religiösen Lebens wegfegen kann, zeigt das vor einigen Jahren erschienene Buch des „Spiegel"-Herausgebers Rudolf Augstein über „Jesus – Menschensohn". (Anm. 21) Das Christentum ist für ihn „eine Rakete mit dreistufigem Treibsatz und jede Stufe ein explosiver Irrtum". Mit einem Stab von mehreren Mitarbeitern hat dieser Hobby-Theologe alles zusammengetragen, was sich gegen das Christentum finden ließ, und hat es journalistisch so zubereitet, daß es beim Leser eine verheerende Wirkung für den christlichen Glauben ausüben kann. Er hofft, mit vielen Widersprüchen in den Evangelien und mit Zitaten aus alten Schriften und neueren Autoren der Leben-Jesu-Forschung beweisen zu können, daß die ganze Geschichte um das Leben Jesu eine reine Erfindung der Kirche sei. „Der Jesu, der als Stifter der christlichen Religion gilt, ist die Mittelpunktfigur der kollektiven Dichtung der Gemeinde, er ist ein Geschöpf der Menschen: Menschensohn." So versteht Augstein den zentralen biblischen Begriff des Menschensohnes!

Wie steht nun die Anthroposophie zum Christentum? Nun, die Anthroposophie ist keine neue Religion und kein Religionsersatz, sondern möchte die Wahrheiten, die in den religiösen Urkunden enthalten sind und durch die naturwissenschaftliche Denkungsart entstellt oder gar geleugnet werden, dem menschlichen Verständnis in *neuer, zeitgemäßer* Art wieder nahebringen. In seinem Buch „Das Christentum als mystische Tatsache und die Mysterien des Altertums" (GA 8) zeigt Rudolf Steiner, wie das Christentum auf dem Boden der *Mysterien des Altertums* gewachsen ist, obwohl es auch in seiner selbständigen Eigenart verstanden werden muß:

„Das vorliegende Buch soll zeigen, daß das Christentum die vorherige Mystik voraussetzt wie der Pflanzenkeim seinen Boden. Es will die Wesenheit des Christentums gerade in ihrer Eigenart betonen durch die Erkenntnis seiner Entstehung, sie aber nicht auslöschen."

Die Mysterien des Altertums

Ein Schleier des Geheimnisses liegt über den *Mysterienstätten* (griech. mysterion = Geheimnis) des Altertums. Was geschah mit den Menschen, die in den Mysterientempeln Ägyptens, Griechenlands und anderer Kulturen zugelassen wurden?

Platon war ein Schüler des Sokrates, der mit den Mysterien Griechenlands in Verbindung stand. In seinem Symposion (Gespräch über die Liebe) sagt Platon, daß Sokrates von einer weisen Frau über die Weltgeheimnisse unterrichtet worden sei. Das berühmte Orakel von Delphi, wo die Priesterin Pythia dem Gotte Apollo diente, soll Sokrates den weisesten Mann Griechenlands genannt haben. Und in seinem Timaios (Gespräch über die Weltentstehung) berichtet Platon von einem griechischen Weisen Solon, der in Ägypten von einem kundigen Priester uralte Tatsachen über die Vorgeschichte Griechenlands erfahren habe.

Im Altertum hatte es immer einzelne Menschen gegeben, denen die *Volksreligionen* nicht das geben konnten, was ihr Herz suchte. Sie anerkannten wohl die Götter ihrer Volksreligionen, aber sie spürten, daß die *gewöhnlichen Göttergeschichten* ihnen die Daseinsrätsel nicht enthüllen konnten. Das Volk verband sich mit den Göttern in *Sagen und Mythen,* deren Bilder ganz aus der sinnlichen Welt entnommen waren. Der nach tieferer Wahrheit suchende Mensch mußte berechtigte Zweifel gegenüber diesen Göttergeschichten hegen, da die Taten dieser Götter doch allzusehr den Dingen und Ereignissen in der Sinneswelt glichen. Für den Verstand mußten diese Göttervorstellungen der Volksreligionen schließlich als Erfindungen menschlicher Phantasie erscheinen. Und wenn sich der Mensch nur auf diesen an der diesseitigen Welt entwickelten Verstand verläßt, kann er zum Zweifler oder gar zum Leugner alles Göttlichen, zum Atheisten, werden, wie wir das am Beispiel von Rudolf Augstein sehen konnten.

Der ernsthaft suchende *Myste* (Schüler der Geheimwissenschaft) mußte zwar die Höhen und Tiefen der Zweifelssucht auch durchmachen, aber er durfte nicht dabei stehenbleiben. Rudolf Steiner schildert das Streben des Mysten in der Form einer Anweisung, wie sie ihm vom Geisteslehrer gegeben wurde:

„Wende deine Blicke hinaus auf die Dinge; du findest kein Göttliches. Durchtränke deine Phantasie mit religiösem Gefühl, du kannst dir Bilder von Wesen schaffen, die du für Götter halten magst, doch dein Verstand zerpflückt sie dir; denn er weist dir nach, daß du sie selbst geschaffen und dazu den Stoff aus der Sinneswelt entlehnt hast. Sofern du als verständiger Mensch die Dinge um dich betrachtest, mußt du Gottesleugner sein. Denn Gott ist nicht für deine Sinne und deinen Verstand, der dir die sinnlichen Wahrnehmungen erklärt. Gott ist eben in der Welt verzaubert. Und du brauchst seine eigene Kraft, um ihn zu finden. *Diese Kraft mußt du in dir erwecken.* Das sind die Lehren, die ein alter Einzuweihender empfing."

Die für die Geschichtsforschung im Dunkel rätselvoller Kulte verhüllten *Mysterienstätten* waren im Altertum die Zentren, aus denen die Führer der Völker hervorgingen. Die Priesterkönige der Theokratien des Altertums waren in Mysterienstätten erzogen und in die Weltgeheimnisse eingeweiht worden, bevor sie hervortraten und die Völker im Sinne der verborgenen Götterweisheit regierten.

Der einzuweihende *Adept* mußte sich zuerst einer langen *Vorbereitung* unterziehen und manche *Reifeprüfungen* bestehen, bevor er zur *Einweihung* zugelassen wurde. Er mußte seine Triebe zu zügeln lernen, sich ein geordnetes Gefühls- und Gedankenleben aneignen und das Mysterienwissen aufnehmen. Nach dieser Schulung wurde er vom *Hierophanten* (oberster Priester der Mysterienschule) während drei bis vier Tagen in eine Art Tiefschlaf versetzt, der als *Lethargie* (griech. léthé = Vergessen, lat. letum = tot) bezeichnet wird. Der Initiator leitete die ganze Prozedur so, daß nicht bloß der Astralleib mit dem Ich aus dem physischen Leib heraustrat wie beim gewöhnlichen Schlaf, sondern auch der Ätherleib den in einem todähnlichen Zustand zurückbleibenden Körper verließ. Dank der Vorbereitung, welche der Myste vor seiner Einweihung durchgemacht hatte, war er während der Lethargie imstande, in die geistigen Welten hineinzuschauen und durch eigene Anschauung die in der Vorbereitung von seinen Lehrern aufgenommenen übersinnlichen Inhalte unmittelbar als Wirklichkeit und Wahrheit zu erfahren. So kehrte er nach dem Tempelschlaf als *Eingeweihter* und als völlig verwandelter Mensch in die physische Welt zurück. Seine Seele hatte unter der Führung des Hierophanten eine „Reise" durch die astralische und devachanische Welt gemacht und *wußte nun aus eigener Anschauung, daß der Mensch ein unsterblicher Bürger höherer Welten* ist. Nach dieser

im Dunkel des Mysterientempels vollzogenen Prozedur konnte er in die Tageshelle des äußeren Lebens hinausgesandt werden, um als führende Persönlichkeit das soziale Leben des Volkes im Sinne der Mysterienweisheit mitzugestalten.
Die *Todesnähe-Erfahrungen,* von denen der amerikanische Arzt Raymond Moody in seinen Büchern über das „Leben nach dem Tod" berichtet (Anm. 10), sind insofern mit der Tempelschlafprozedur in den Mysterien des Altertums verwandt, als sich der Patient mit seinem Ich und Astralleib im Ätherleib außerhalb des totgeglaubten Körpers findet und gewisse übersinnliche Wahrnehmungen macht, für die er nach seiner Rückkehr in den Körper kaum geeignete Worte finden kann. Allerdings hat der behandelnde Arzt in keiner Weise eine ähnliche Funktion wie der Initiator im Mysterientempel, sondern er beschränkt sich auf Wiederbelebungsbemühungen am totgeglaubten physischen Leib des Patienten. Immerhin haben diese unbeabsichtigten Todesnähe-Erlebnisse bei vielen der von Moody interviewten Patienten zur Folge, daß sie nachher dem Leben im Körper einen tieferen Sinn glauben abgewinnen zu können.
Die Weisen alter Völker haben immer mit großer Ehrerbietung von den Mysterien gesprochen und wußten, daß der Weg zu den Weltgeheimnissen durch *harte Prüfungen und große Gefahren* hindurchführt, die nur bei einer gründlichen Vorbereitung ohne Schaden durchschritten werden können. Deshalb gab es damals kein größeres Verbrechen, als die Mysteriengeheimnisse an Uneingeweihte zu verrraten. *Auf Mysterienverrat standen die Todesstrafe und die Güterkonfiskation.* Nach der Einweihung trug der Myste eine große Verantwortung gegenüber seinen Mitmenschen. Wenn er ihnen von seinen mystischen Erlebnissen und seinem Mysterienwissen erzählt hätte, so hätte er ihr unschuldiges Glück in der Sinneswelt frevelhaft verderben können; denn ohne vorbereitende Übungen und Prüfungen konnte der damalige Mensch die übersinnlichen Wahrheiten nicht verstehen. Sie hätten ihn nur in Verwirrung und Unglück gestürzt. Deshalb mußten die in die übersinnlichen Welten Eingeweihten schweigen lernen und konnten *dem Volk die göttliche Weisheit nur in der Form von Gleich-*

nissen aus der Sinneswelt, das heißt in den *Mythologien* (griech. mythos = Sage, logos = Wissen) der Volksreligionen weitergeben. So mußte sich auch Rudolf Steiner die Frage stellen: „Muß man verstummen?“ Darf ich als Geistesforscher meine übersinnlichen Erkenntnisse der Welt mitteilen, oder muß ich darüber Schweigen bewahren, so mußte er sich fragen. Da sich die Menschheit in der Neuzeit eine *Begriffs- und Denkfähigkeit* angeeignet hat, wie wir das bei Lessing so eindrücklich gesehen haben – eine Denkfähigkeit, die der älteren Menschheit noch gänzlich fehlte –, kann der moderne Mensch die Mitteilungen des Geistesforschers durch logisches Denken verstehen und mit einem gesunden Wahrheitsgefühl auch beurteilen.

Das Christentum als mystische Tatsache

Aber das ist nicht einmal der hauptsächlichste Grund, warum *das Wissen über die übersinnlich-geistigen Welten heute öffentlich für jedermann zugänglich* gemacht werden darf; denn zu Beginn unserer Zeitrechnung ist in Palästina ein Ereignis eingetreten, das für die Menschheitsentwicklung von ganz überragender und entscheidender Bedeutung ist: die *Christus-Tat!*
Schon bei der Deutung des *Osiris-Isis-Mythos* hatten wir gesehen, daß für den auf der Sinnesbeobachtung gegründeten Verstand das Göttliche nicht in der äußeren Natur gefunden werden kann. Die Gottheit hat sich mit unendlicher Liebe in die Schöpfung ausgegossen, sie ist in die Mannigfaltigkeit der Sinnendinge zerstückelt und verzaubert. Wenn der Mensch das Göttliche finden will, muß er es selbst in seiner Seele zum Leben erwecken; denn bei seiner Erschaffung wurde der göttliche Odem in seine Seele eingehaucht, wie es in der Genesis heißt (Anm. 22). Das Menschen-Ich war ursprünglich am Anfang der Erdentwicklung noch wie ein Wassertropfen im Meer im Schoße der Gottheit. In ferner Urzeit trat dann das Ich in die Leibeshüllen der Menschengestalt und hat seither in vielen Erdenleben diese immer mehr durchdrungen und umgearbeitet.

In den Mysterienschulen konnten einzelne, besonders fortgeschrittene Menschen darauf vorbereitet werden, in die göttliche Weisheit eingeweiht zu werden und den *Gottessohn in sich zu gebären.* So trat nach alt-ägyptischer Darstellung der Myste vor Osiris, den Herrscher im Totenreich, und wurde als Osirissohn im Himmel empfangen, wenn er zuvor im Totengericht dazu als reif befunden worden war. (Siehe Abbildung 5.)
Nun hatte auch das *jüdische Volk* seine Mysterien; aber das israelitische Mysterienwesen war dazu bestimmt, eine *Angelegenheit des ganzen Volkes* zu werden. Denn die jüdische Religion erwartete den *Messias* (hebr. maschiach = Gesalbter), der nicht bloß einzelne Mysten, sondern das ganze Volk und alle Menschen erlösen wollte,

Ägyptisches Totengericht (Psychostasie) im Jenseits

Der *Verstorbene* ① beschwört seine 2×7 = 14 *Richter* ② und wird von *Anubis* ③ (mit dem Schakalskopf) vor die *Waage* ④ geführt, auf der sein Herz gewogen wird. *Thot* ⑤ (der Mondgott mit dem Ibiskopf) schreibt seine Erdentaten ins Karmabuch ein.

Wird der Tote verurteilt, so frißt ein *Ungeheuer* ⑥ sein Herz auf. Er erleidet den „zweiten Tod" und muß nach Duat, in die Unterwelt.

Wird der Tote freigesprochen – und die Papyri, welche die Toten begleiteten, wollten keine andere Eventualität zulassen –, so führt ihn *Horus* ⑦ (Osirissohn mit dem Falkenkopf) vor eine Kapelle, in der *Osiris* ⑧, der Herrscher im Totenreich, den Verstorbenen als seinen Sohn ins Himmelreich (Amenti) aufnimmt. Hinter Osiris stehen dessen Gemahlin *Isis* und deren Schwester *Nephthys* ⑨.

Im Himmel kann der Tote die durch sein Osiris-Schicksal auf der Erde zerstückelten *2×7 Glieder seines Menschenwesens* wieder sichern und zu einer Einheit verbinden:

Mumie	**Physischer Leib**	***Jakhu***	**Geistselbst**
Ka	**Ätherleib**	***Sahu***	**Lebensgeist**
Khaibit	**Astralleib (niedere Seele)**	***Ren***	**Geistmensch**
Ba	**Ich (höhere Seele)**		

Abb. 5

die sich ihm anvertrauen. Das Christentum ist also aus dem Judentum hervorgegangen. Die *Evangelien* (griech. euangelion = frohe Botschaft) berichten über das Leben des Jesus Christus. Eine rein historische Interpretation der Evangelien, wie sie im 19. Jahrhundert als Leben-Jesu-Forschung üblich geworden ist, führt jedoch auf Widersprüche zwischen den vier Evangelien, insbesondere zwischen den drei ersten Evangelien der Synoptiker (griech. synoptikos = Gesamtschau) und dem Johannes-Evangelium. Die Evangelien dürfen aber nicht bloß als geschichtliche Dokumente aufgefaßt werden, sondern sind aus dem Mysterienwesen heraus zu verstehen. Die Evangelisten wollten nicht eine gewöhnliche Biographie schreiben, sondern das Leben dieses einmaligen, einzigartigen Eingeweihten aus der Mysterientradition heraus darstellen. Und da die vier Evangelisten in verschiedenen Mysterienschulen verwurzelt waren, hat jeder das Leben Christi nach Maßgabe seiner Mysterientradition geschildert. Die Evangelisten sahen sein Leben vor dem Hintergrund des typischen Lebenslaufes eines Gottessohnes ihrer Mysterientradition.

Die Evangelien enthalten verschiedenartige Bestandteile:
Tatsachenmitteilungen, die als historische Fakten aus dem Leben Christi gelten können
Gleichnisreden, die sich der Tatsachenerzählung nur bedienen, um höhere Wahrheiten zu versinnbildlichen
Lehren, die als christliche Weltansicht verstanden sein wollen
Wundertaten, die dem Verstand die größten Verständnisschwierigkeiten bereiten, wenn man sie als physische, den Naturgesetzen meist widersprechende Vorgänge deuten will, während sie doch als *übersinnliche Erlebnisse und Tatsachen* erfaßt sein wollen.

So ist die *Auferweckung des Lazarus in Bethanien* ein „Wunder", das nur im Johannes-Evangelium steht und große Verständnisschwierigkeiten bereiten kann. (Anm. 23)

Das „Lazarus-Wunder" kann kurz so zusammengefaßt werden: In Bethanien lebten drei Geschwister, Lazarus, Maria und Martha, bei denen Jesus einzugehen pflegte, um sie in geistigen Dingen zu unterrichten. Als Lazarus einmal erkrankte und Jesus davon erfuhr, begab er sich mit seinen Jüngern auf den Weg nach Bethanien. Lazarus war aber inzwischen gestorben und schon seit vier Tagen in einem Felsengrab, als Jesus in Bethanien ankam. Martha ging ihm entgegen und meinte, ihr Bruder wäre nicht gestorben, wenn Jesus dagewesen wäre. Als dieser zu ihr sagte: „Dein Bruder soll auferstehen", dachte sie an die Auferstehung am Jüngsten Tag. Auch Maria und die Juden, die gekommen waren, um die Schwestern zu trösten, eilten Jesus weinend entgegen und führten ihn zum Felsengrab. Jesus ließ den schweren Abschlußstein vom Grab abheben, dankte dem Vater im Himmel und rief mit lauter Stimme: „Lazarus, komm heraus!" Da erschien der totgeglaubte Lazarus mit Grabtüchern an Füßen und Händen und einem Schweißtuch im Gesicht verhüllt und wurde von den Tüchern befreit. Viele der umstehenden Juden begannen an Jesus zu glauben; andere hingegen verklagten ihn bei den Pharisäern. Diese berieten, wie sie ihn fassen und töten könnten.

Diese „Wundertat" verursachte nicht nur im Volk großes Aufsehen, sondern auch bei den Schriftgelehrten und Hütern der Tempelgeheimnisse; denn Jesus hatte an Lazarus in aller Öffentlichkeit eine Einweihung vollzogen, die bisher nur in der Verborgenheit der Mysterien geschehen durfte. Er hatte ein *Mysteriengeheimnis verraten,* und er mußte nach der Mysterientradition die *Todesstrafe* erleiden.

Was war in Bethanien geschehen? Als ihm die Erkrankung des Lazarus mitgeteilt worden war, sagte Jesus (Vers 4):

„Die Krankheit ist nicht zum Tode, sondern zur Ehre Gottes, daß der Sohn Gottes dadurch geehrt werde."

Und zu Martha hatte er die Worte gesprochen (Verse 25 und 26):

„Ich bin die Auferstehung und das Leben. Wer an mich glaubt, der wird leben, ob er gleich stürbe; und wer da lebet und glaubet an mich, der wird nimmermehr sterben."

Die Aussagen wären sinnlos, wenn es sich bei der Auferweckung des Lazarus nur um eine Wiedererweckung zum Leben im gewöhnlichen Sinne handeln würde. Lazarus hatte während der viertägigen Lethargie vielmehr eine *Einweihung* erfahren, wie sie früher in den Mysterienstätten vollzogen worden war. Zugleich handelte es sich aber um eine Einweihung, wie sie nie je zuvor

geschehen war; denn nie hätte früher ein Initiator von sich sagen können, daß er selber die Auferstehung und das Leben sei! Lazarus hatte während seiner Einweihung in die geistige Welt erfahren, daß *Jesus der Christus* war, der bei der Jordantaufe in den Jesus von Nazareth hereingekommen war, so wie das der Evangelist Johannes am Anfang seines Evangeliums ausspricht (Anm. 24):
„Und das Wort ward Fleisch und wohnte unter uns, und wir sahen seine Herrlichkeit, eine Herrlichkeit als des eingeborenen Sohnes vom Vater, voller Gnade und Wahrheit."
Lazarus war durch das Erweckungswunder, das der Christus als Initiator an ihm vollzog, ein anderer Mensch geworden: Er war *im Sinne der alten Mysterien ein Gottessohn,* zugleich war aber *in neuer Art der Christus, das Wort, der Logos in ihm lebendig geworden.*
Mit der Auferweckung des Lazarus hat Christus das Christentum an die alten Mysterien angeknüpft und diese für die alte Auffassung insofern verraten, als er sie öffentlich vor den Augen des Volkes am hellen Tageslicht vollbrachte und für alle Umstehenden hörbar laut rief: „Lazarus, komm heraus!" Mit einem solchen Ruf hatte früher der Hierophant in der Verborgenheit der Mysterien das Ich des Einzuweihenden mit Astralleib und Ätherleib in den während drei bis vier Tagen wie tot daliegenden physischen Leib zurückgeholt. Christus wollte nicht, daß die göttliche Wahrheit und das Menschenheil das Privileg weniger Auserwählter bleiben sollen, wie das im Mysterienwesen des Altertums der Fall gewesen war, sondern er wollte das ganze Volk und die ganze Menschheit daran teilnehmen lassen. *Alle Menschen, die guten Willens sind, sollten das Vertrauen in die göttliche Weisheit und Wahrheit gewinnen, die den Eingeweihten in den Mysterien zuteil geworden war.*
Rudolf Steiner schildert die unendliche Liebe des Christus in seinem Buch „Das Christentum als mystische Tatsache und die Mysterien des Altertums" mit folgenden Worten:
„Selig sind, die da *glauben* und nicht *schauen.* Die Gewißheit, daß es ein Göttliches gibt, wollte er in der Form des *Vertrauens* unerschütterlich in die Herzen pflanzen. Wer außen steht, und

dieses Vertrauen hat, der kommt gewiß weiter, als wer ohne dieses Vertrauen dasteht. Wie ein Alp mußte es auf Jesu Gemüt gelastet haben, daß unter den Außenstehenden doch viele sein können, die den Weg nicht finden. Die Kluft zwischen Einzuweihenden und Volk sollte weniger groß sein. Das Christentum sollte ein Mittel sein, durch das jeder den Weg finden konnte. Ist er nicht reif dazu, so ist ihm wenigstens nicht die Möglichkeit abgeschnitten, daß er *in einer gewissen Unbewußtheit der Mysterienströmung teilhaftig werde.* Der Menschensohn ist gekommen, zu suchen und selig zu machen, was verloren ist."

Das Ich ringt um ein neues Verständnis

Wie bereits im Vorwort angedeutet und am ersten Kursabend an der Volkshochschule Zürich ausgesprochen wurde, konnte es sich bei dieser „Einführung in die Geisteswissenschaft Rudolf Steiners" angesichts der überwältigenden Fülle der vom Geistesforscher gemachten Mitteilungen nur um einen unzulänglichen *Versuch* handeln, interessierte Menschen in frei lassender Weise auf einen Erkenntnis- und Lebensweg aufmerksam zu machen, den heute viele Menschen mehr oder weniger bewußt suchen.

Obschon sich der Verfasser schon seit dreieinhalb Jahrzehnten mit der Anthroposophie beschäftigt, fühlt er sich noch immer als *Anfänger* der Geisteswissenschaft und empfindet deshalb die vorliegende Einführung als ein Wagnis. Im gewöhnlichen Leben erwartet man von einem Verfasser einer Schrift über ein Wissensgebiet, mit dem er sich jahrzehntelang auseinandergesetzt hat, daß er darin ein kompetenter Experte geworden ist. Will man in einem Wissensgebiet als Forscher tätig sein, so muß man sich die Arbeitsmethoden und die bisherigen Forschungsergebnisse aneignen, um die Forschung sozusagen an der Front weiterführen zu können. Als erwachsener Mensch verfügt man über die notwendigen *Erkenntnismittel* – Sinnesbeobachtung und intellektuelles Denken – und kann sich die fachspezifischen Methoden und Kenntnisse des fraglichen Wissensgebietes in einem wenige Jahre dauernden Studium wohl erarbeiten.

Für die *Geisteswissenschaft im Sinne Rudolf Steiners* jedoch *schlummern die Erkenntnismittel noch in verborgenen Tiefen der Seele* und können nur *nach und nach* in einer langen, ausdauernden Entwicklung *erweckt* und *entfaltet* werden. Wie wir im Kapitel über Rudolf Steiners Leben und Werk schon angedeutet hatten,

steht der heutige Mensch in bezug auf die Erkenntnismittel für die Geisteswissenschaft in einem umgekehrten Verhältnis wie in der Naturwissenschaft. *Diese fundamentale Einsicht kann gar nicht deutlich genug ins Bewußtsein gehoben werden:* Während wir durch unsere Sinnesorgane auf die natürliche Umgebung und Umwelt aufmerksam werden und die beobachteten Tatsachen und Vorgänge mit unseren Verstandeskräften ergreifen und verstehen, fehlen uns zunächst geeignete Wahrnehmungsorgane für die übersinnliche Wirklichkeit und bleibt uns die seelisch-geistige Umwelt weitgehend *verborgen.* In der Geisteswissenschaft können wir deshalb nicht von übersinnlichen *Wahrnehmungen* ausgehen und nachdenkend zu Einsichten über höhere Welten gelangen, sondern müssen umgekehrt, vom *Denken* ausgehend, dieses so vertiefen und erweitern, daß wir dabei übersinnliche Wahrnehmungsorgane entwickeln, mit denen wir dann unmittelbar in geistige Welten werden hineinschauen können.
In dieser Gegenwartssituation ist es durchaus begreiflich, daß es in neuerer Zeit zahlreiche Denker gegeben hat und noch heute gibt, die eine jenseitige, übersinnliche Welt geistiger Wesen und Tatsachen als reine Erfindung von Menschen leugnen und nur die unseren Sinnen zugängliche, diesseitige Welt als Wirklichkeit anerkennen. Diese als *Materialismus* bezeichnete Weltanschauung ist erst im Verlaufe der letzten Jahrhunderte heraufgekommen und hat sogar erst in der zweiten Hälfte des 19. Jahrhunderts eine entscheidende Bedeutung erlangt, nachdem die Naturforschung große Erfolge errungen und der Darwinismus auch das Leben auf rein kausale Naturgesetze glaubte zurückführen zu können. Während der Materialismus im 19. Jahrhundert vorerst nur als Theorie in den Köpfen von Wissenschaftern lebte und die Mehrzahl der Bevölkerung noch immer in überlieferten Glaubensvorstellungen auf eine göttliche Weltordnung vertraute, vermochte er dann im 20. Jahrhundert über die Schulen und die Medien allmählich seinen Weg in das Bewußtsein breiter Bevölkerungsschichten zu finden. Wenn es auch heute noch zahlreiche gläubige Menschen gibt, so hat der Materialismus doch bereits bedenkliche praktische Folgen gezeitigt und die Menschheit immer tiefer in chaotische Zustände

und die Welt in eine globale Krise gestürzt, die seit den siebziger Jahren von einer immer größer werdenden Zahl von Menschen erlebt und beklagt wird.

Je tiefer aber die Menschheit in den Niedergang und die Welt aus den Fugen gerät, desto stärker macht sich die *Sehnsucht nach der durch die materialistische Denk- und Lebensweise verlorengegangenen geistigen Heimat der Seele* bemerkbar. Je eindringlicher die Menschen erfahren, wie sie ihre Menschenwürde verlieren, das Leben sinnentleert wird und die Formen des sozialen Zusammenlebens zerfallen, desto *gewaltiger drängt aus den unbewußten Seelentiefen das Interesse für das Übersinnliche herauf.* In dieser kritischen Situation sollten suchende Menschen den antroposophischen Erkenntnis- und Lebensweg so kennenlernen können, daß er ihnen als ein *zeitgemäßer,* in die *Zukunft* weisender Weg der Selbstfindung und Lebensbewältigung erscheinen kann. Nachdem die überlieferten Religionen und Konfessionen im materialistischen Zeitalter an Attraktivität weitgehend eingebüßt haben, werden heute verschiedene Heilslehren orientalischer oder amerikanischer Provenienz angeboten, die aber größtenteils den suchenden Menschen in eine unzeitgemäße Unselbständigkeit und Abhängigkeit von Personen und Gruppen treiben und von den Organisatoren oft mit lukrativer Geschäftstüchtigkeit betrieben werden. Manche dieser Heilslehren leiten ihre geistigen Grundlagen aus religiösen Bewegungen der Vergangenheit ab und versuchen, veraltete Formen der Menschenführung zu erneuern, die dem auf Selbständigkeit und Freiheit gegründeten Bewußtsein des modernen Menschen gänzlich unangemessen sind.

Die Anthroposophie unterscheidet sich von solchen Heilslehren und -praktiken dadurch, daß sie sich ganz und gar an den *freien Willen des einzelnen Menschen* wendet und an seine *eigene Initiative und aktive Denkarbeit* appelliert, um sich zu einer *individuellen Erkenntnis geistiger Wirklichkeit* hinaufzuentwickeln. Wenn manchmal den Anthroposophen vorgeworfen wird, daß sie ja auch auf das gläubige Fürwahrhalten der Mitteilungen Rudolf Steiners angewiesen wären und wie in anderen Heilslehren einem Personenkult verfallen seien, so handelt es sich hierbei um ein Mißverständnis dessen, was Anthroposophie sein sollte. Sie will keine Lehre sein, die dem Menschen Glaubensdogmen aufzwingt und ihn in eine unzeitgemäße Abhängigkeit von Personen und Gruppen versetzt, sondern möchte vielmehr *willige Menschen auf ein Geschehen vorbereiten, das in der Gegenwart und in der Zukunft immer stärker in die Menschheit eingreifen wird.*

Nachdem die göttlich-geistigen Schöpfermächte im Verlaufe einer langen Evolution die menschlichen Leibeshüllen – physischer Leib, ätherischer Leib und astralischer Leib – bis zur heutigen Vollkommenheit entwickelt und sich in neuerer Zeit von ihrer schöpferischen Tätigkeit am Menschen und der Natur weitgehend zurückgezogen haben, möchten sie sich nun dem geistigen Wesenskern des Menschen, dem *Ich,* das sich während eines Erdenlebens in diesen Leibeshüllen verkörpert, in frei lassender Art geistig offenbaren. Bis in die letzte Epoche der Menschheitsentwicklung, bis in die griechisch-lateinische Epoche hinein, erlebte der Mensch ohne sein besonderes Zutun das Wirken der geistigen Hierarchien in seinen Leibeshüllen. Die Genialität, die wir an bedeutenden Gestalten der Antike bewundern, war sozusagen ein Geschenk der Götter, das aus der Leibesorganisation ins Bewußtsein drängte und begnadete Menschen zu übermenschlichen Leistungen anleitete. Der moderne Mensch des naturwissenschaftlich-technischen Zeitalters erfährt in seiner Gottverlassenheit keine instinktive Genialität mehr, sondern ist auf seinen abstrakten Verstand angewiesen, mit dem er wohl die in ihrer Art großartige Naturwissenschaft und Technik hervorgebracht hat, seine eigene geistige Wesenheit jedoch nicht mehr erkennen und die sozialen Probleme des Zusammenlebens nicht meistern kann.

Der Gegenwartsmensch muß deshalb aus eigenen Kräften heraus einen neuen Zugang zur geistigen Welt suchen, um seine geistige Bestimmung erkennen und die Lebensaufgaben bewältigen zu können. Rudolf Steiner hat einmal in einem Vortrag (Anm. 25) die *schwere Prüfung,* die dem modernen Menschen auferlegt ist, mit den folgenden Ausführungen umschrieben:

„Es ist der Menschheit heute die stärkste Prüfung ihrer Kraft gestellt, die Prüfung der Kraft des freien Sich-Hinaufarbeitens zu dem Geiste, der ganz von selbst der Menschheit entgegenkommt, wenn der Mensch sich vor diesem Geiste nicht verschließt. Aber es ist die Zeit vorbei, in der in allerlei unterbewußten und unbewußten Prozessen sich der Geist offenbaren kann an den Menschen. Es ist die Zeit gekommen, wo der Mensch in freier innerer Tat das Geisteslicht empfangen muß. Und all die Verwirrung und alle die Unklarheit, in der die Menschen heute leben, kommt davon her, daß die Menschen heute etwas empfangen müssen, was sie eben eigentlich noch nicht empfangen wollen: *ein ganz neues Verständnis der Dinge.*

In diese furchtbare, schreckenerfüllte Weltkriegskatastrophe hinein hat sich das alte Denken, die alte Art, die Weltereignisse zu überblicken, ausgelebt, und die unendlich bedeutsamen Sturmzeichen dieser Weltkriegskatastrophe bedeuten nichts anderes als den Hinweis darauf: Versucht umzudenken, versucht eine neue Art, euch die Welt anzuschauen, denn die alte Art muß immer nur in Chaos und Verwirrung führen. Da muß endlich eingesehen werden: Die leitenden Persönlichkeiten des Jahres 1914 waren an dem Punkt angekommen, wo mit dem alten Verständnis nichts mehr zu erreichen war. Deshalb führten sie die Menschheit ins Unglück. Diese Tatsache muß der Mensch sich heute tief in die Seele schreiben, sonst wird er nicht den starken, den kräftigen Entschluß fassen, wirklich aus freier Innerlichkeit dem Geiste und seinem Leben entgegenzukommen. Es ist ja das Jammervolle gerade in unserer unmittelbaren Gegenwart, daß wir sehen, überall offenbaren sich Dinge, die mit den bisherigen Weltanschauungen und Lebensauffassungen nicht zu verstehen sind. Aber die Leute klammern sich an diese alten Weltanschauungen und Lebensauffassungen und wollen nicht – wollen nicht zu ganz neuen Arten, die Dinge anzuschauen, kommen. Anthroposophische Weltanschauung wollte die Menschen vorbereiten, zu diesen neuen Arten, die Welt anzuschauen, zu kommen. Sie hatte eigentlich im Grunde genommen keine anderen wirklichen Gegner, diese anthroposophische Weltanschauung, als lediglich die Bequemlichkeit, die Trägheit des inneren Menschen, der sich nicht aufraffen kann, die innersten Kräfte seiner Seele entgegen-

zutragen der gerade in unserer Zeit so mächtig hereinbrechenden Geisteswelle...
Natürlich sagen die Leute: Ja, diese anthroposophische Weltanschauung, was da in den Büchern steht, was da gesprochen wird, man versteht es nicht. Man glaubt es den Leuten, daß sie es nicht verstehen. Aber, was heißt es, sie verstehen es nicht? Es heißt nichts anderes als: Ich will mich nur des physischen Gehirns zum Verstehen bedienen, ich will nicht lernen ein anderes Denken als das, welches sich faul an das physische Gehirn anlehnen kann. Mit dem ist natürlich anthroposophische Weltanschauung nicht zu verstehen. Nicht als ob man hellsichtig sein müßte, um sie zu verstehen, aber man muß sich üben in einem solchen Denken, das nicht an das physische Gehirn gebunden ist. Und was in der anthroposophischen Literatur vorhanden ist, was mit dem *gesunden Menschenverstand* – und der ist nicht an das Gehirn gebunden, nur der kranke materialistische Verstand ist an das Gehirn gebunden –, was mit dem gesunden Menschenverstand erlernt werden kann, das trainiert allmählich ein solches Denken, ein solches Empfinden, ein solches Wollen, daß dieses Denken und Empfinden und Wollen den entsprechenden Ereignissen der Gegenwart gewachsen ist. Sie mögen das auffassen, wie Sie wollen, aber es ist so: *Was die Gegenwart von uns fordert, ist nicht zu begreifen durch das Instrument des physischen Leibes: Das muß begriffen werden durch das Instrument des ätherischen Leibes, desjenigen Leibes, der als ein Bildekräfteleib dem physischen Leibe zugrunde liegt.*"
Nachdem wir inzwischen eine zweite Weltkriegskatastrophe durchlitten haben und angesichts der unheimlichen nuklearen Rüstung ein dritter Weltkrieg wie ein Damoklesschwert über der ganzen Menschheit schwebt, sind diese von Rudolf Steiner vor mehr als 60 Jahren gesprochenen Worte von allerhöchster Aktualität und rechtfertigen vielleicht den mit dieser „Einführung in die Geisteswissenschaft Rudolf Steiners" unternommenen, unzulänglichen Versuch, wenn damit suchenden Menschen der Weg zu einem eigenen Studium der Anthroposophie aufgeschlossen werden konnte.

Fragenbeantwortung

Wie bereits in der Einleitung zu diesem Buch: Was ist Anthroposophie? angekündigt war, folgen zum Abschluß Fragen, die während des Volkshochschulkurses in Zürich und aus dem Leserkreis der Zeitschrift „Die Kommenden" schriftlich formuliert worden sind. Die erfreulich große Zahl von Fragen und Äußerungen von Kursteilnehmern und Lesern zeigt, daß das Interesse für die Anthroposophie verbreiteter ist, als man gemeinhin glaubt, und daß der gewiß unzulängliche Versuch, in die Geisteswissenschaft Rudolf Steiners einzuführen, doch bei manchen Menschen das eigene Studium angeregt oder gefördert haben dürfte. Die hier gegebenen Antworten erheben keinerlei Anspruch auf Vollständigkeit, sondern möchten auch nur die weitere Auseinandersetzung mit den aufgeworfenen Fragen vertiefen.

*

Frage 1
Haben wir noch Zeit zum Umdenken?

Antwort
Der Frage liegt wohl die Befürchtung zugrunde, daß schon bald Ereignisse eintreten könnten, die uns ein ruhiges Studium der Anthroposophie und ein Umdenken verunmöglichen könnten.
Dazu eine Gegenfrage. Was würden Sie einem sehr alten Menschen sagen, der mit der Frage zu Ihnen käme: Jemand hat mir zum Geburtstag ein Buch über Kunstgeschichte geschenkt. Wozu soll ich das noch lesen, da ich doch bald sterben und keine Reisen mehr machen werde? Bestimmt würden Sie ihn zum Studium aufmun-

tern, weil es zu einem lebenslangen Lernen nie zu spät ist und Sie richtig ahnen, daß das Leben mit dem Tode nicht aufhört.
Die Menschen haben immer um-denken lernen müssen! An der Wende vom Mittelalter zur Neuzeit mußten sie über den Kosmos umdenken lernen. Für die unmittelbare Sinnesbeobachtung scheint die Erde zu ruhen, während sich die Sonne, der Mond und die Sterne am Himmel um die Erde drehen. Da kamen Forscher wie Kopernikus und Galilei und behaupteten aufgrund weiterer Beobachtungen, daß sich umgekehrt die Erde dreht und der Himmel ruht. Zuerst mußte man sie für verrückt halten. Wissenschaftler ist, wer aufgrund feinerer Beobachtungen und logischer Überlegungen gegen den unmittelbaren Sinnenschein neue Erkenntnisse erwirbt.
Heute müssen wir Übersinnliches denken lernen! Woher hat eine Pflanze, ein lebendiger Organismus seine charakteristische physische Gestalt, die trotz des unaufhörlichen Stoffwechsels erhalten bleibt und nach dem Tode aufgelöst wird? Heute müssen wir über die Lebenstatsachen ebenso umdenken lernen wie damals die Menschen über die Sternenwelt.
Dabei brauchen wir nicht zu fragen, wieviel Zeit wir noch haben, sondern sollten mutig beginnen, lieber heute als erst morgen. Und denken Sie daran: Spirituelle Gedanken schaffen geistige Wirkenskräfte.

Frage 2
Nach Untersuchungen mit Lügendetektoren können Pflanzen eine Bedrohung wahrnehmen, bevor die Tat erfolgt, und haben eine entsprechende Angstreaktion (Schwitzen). Wie ist dies möglich, nachdem Pflanzen „nur“ einen Ätherleib besitzen?

Antwort:
Die Frage bezieht sich offenbar auf ein Buch von Tompkins und Bird über „Das geheime Leben der Pflanzen, Pflanzen als Lebewesen mit Charakter und Seele und ihre Reaktionen in den physischen und emotionalen Beziehungen zum Menschen“ (Ex libris 1976). In den USA versucht die Polizei bei Verdächtigen mit Hilfe

von Lügendetektoren festzustellen, ob der Verdächtige bei bestimmten Fragen lügt. Das geschieht durch Messung des Körperwiderstandes, der beim Lügen größere Schwankungen zeigt als im normalen Zustand. Der Lügendetektorexperte Cleve Backster hat nun beim Drachenbaum und bei anderen Pflanzen Widerstandsänderungen festgestellt, wenn man sie durch böse Gedanken wie die Absicht, sie zu versengen, bedroht.

Man darf solche Reaktionen einer Pflanze nicht als Emotionen wie bei Tieren interpretieren, da Pflanzen keinen individuellen Empfindungsleib haben wie die Tiere. Trotzdem ist die Frage durchaus berechtigt. Rudolf Steiner gibt auf die Frage, ob Pflanzen ein Bewußtsein besitzen, die folgende Antwort (in Menschheitsentwicklung und Christuserkenntnis, GA. Nr. 100, S. 30): „So wie unsere Finger nicht ein selbständiges Bewußtsein haben, sondern wie das Bewußtsein eines Fingers zum Bewußtsein des Menschen gehört, ebenso gehören die Pflanzen auch zu einem Bewußtsein, und dieses Bewußtsein liegt nun in der unteren Vernunftwelt, der Gestirnswelt, der himmlischen Welt (Rupa Devachan). Wenn der Geistesforscher diese Welt betritt, dann begegnet er dort den Seelen der Pflanzen. Die Seelen der Pflanzen sind dort ebensolche Wesen wie wir hier; und diese Wesen verhalten sich zu den Pflanzen etwa, wie eben der Mensch sich zu seinen Fingern verhält."

So kann man sich gut vorstellen, daß die Pflanzenseele im Devachan die Bedrohung wahrnimmt und die Pflanze darauf reagiert.

Frage 3

Sie stellen im Kapitel über die Wesensglieder des Menschen zuerst die Erinnerungsfähigkeit des Tieres in Frage, schreiben aber dann, daß man doch den wesentlichen Unterschied zwischen menschlichem und tierischem Erinnern sehen müsse. Besteht dann das Erinnern beim Tier in einem Wiedererkennen? Was ist dabei der Unterschied? Müßte man nicht differenzieren und z. B. sagen: Das Tier hat ein ortsgebundenes Erinnern, der Mensch hingegen ein ortsungebundenes Erinnern?

Sie schreiben ferner: „Die Fähigkeit des Erinnerns ermöglicht es dem Menschen, logisch und systematisch zu denken, was wiederum die Voraussetzung für unsere Zivilisations- und Kulturleistungen ist", später: „Diese Lebenstatsache erhellt ein wichtiges Forschungsergebnis der Geisteswissenschaft, wonach die Erinnerungsfähigkeit durch den Ätherleib ermöglicht wird." Wäre es daher nicht logisch zu sagen: Der Ätherleib ermöglicht es dem Menschen, logisch und systematisch zu denken? Denken und Erinnern wären dann zwei „Produkte" des Ätherleibes; das Tier und der Mensch hätten ein Erinnern (jedoch differenziert wie vorgeschlagen), und nur der Mensch hätte das Denken? Könnte man nicht auch sagen: Es ist das Ich, das dem Menschen das ortsunabhängige Erinnern ermöglicht?

Antwort
Der Einwand, daß doch auch Tiere sich erinnern könnten, wird immer wieder gemacht, vor allem von Menschen, die es mit Haustieren zu tun haben. In der „Geheimwissenschaft im Umriß" (GA 13) setzt sich Rudolf Steiner ausführlich mit dieser Frage auseinander und weist auf den wesentlichen Unterschied zwischen tierischen und menschlichen Erlebnissen hin. Während man bei Tieren für jedes Erlebnis immer eine gegenwärtige innere oder äußere Veranlassung finden kann, gibt es beim Menschen auch Erlebnisse, die durch die Erinnerung an ein früheres Erlebnis ins Bewußtsein treten. Das Ich ist es, das es dem Menschen ermöglicht, einem Erlebnis Dauer zu verleihen, so daß es später wieder erinnert werden kann.
„Noch leichter als in den Irrtum, der Pflanze Bewußtsein zuzuschreiben, kann man in denjenigen verfallen, bei dem Tiere von Erinnerung zu sprechen. Es liegt so nahe, an Erinnerungen zu denken, wenn der Hund seinen Herrn wiedererkennt, den er vielleicht ziemlich lange nicht gesehen hat. Doch in Wahrheit beruht solches Wiedererkennen gar nicht auf Erinnerung, sondern auf etwas völlig anderem. Der Hund empfindet eine gewisse Anziehung zu seinem Herrn. Diese geht aus von der Wesenheit des letzteren. Diese Wesenheit bereitet dem Hunde Lust, wenn der Herr für ihn gegenwärtig ist. Und jedesmal, wenn diese Gegen-

wart des Herrn eintritt, ist sie die Veranlassung zu einer Erneuerung der Lust. Erinnerung ist aber nur dann vorhanden, wenn ein Wesen nicht bloß mit seinen Erlebnissen in der Gegenwart empfindet, sondern wenn es diejenigen der Vergangenheit bewahrt. Man könnte sogar dieses zugeben und dennoch in den Irrtum verfallen, der Hund habe Erinnerung. Man könnte nämlich sagen: er trauert, wenn sein Herr ihn verläßt, also bleibt ihm die Erinnerung an denselben. Auch das ist ein unrichtiges Urteil. Durch das Zusammenleben mit dem Herrn wird für den Hund dessen Gegenwart Bedürfnis, und er empfindet dadurch die Anwesenheit in ähnlicher Art, wie er den Hunger empfindet. Wer solche Unterscheidungen nicht macht, wird nicht zur Klarheit über die wahren Verhältnisse des Lebens kommen.“ Müßte man nach diesen Ausführungen Rudolf Steiners nicht sagen, daß das Tier ein *gegenwartsgebundenes* Erinnern hat, das durch die Gegenwart des Herrn oder eines anderen Bedürfnisses zustandekommt?
Welche Rolle spielt nun der Ätherleib beim menschlichen Erinnern? Natürlich ist es – wie oben geschildert – das Ich, das einem Erlebnis Dauer verleiht, indem es das Erlebnis in den Ätherleib einprägt und bei Bedarf als Vorstellung wieder ins Bewußtsein rufen kann. So kann man nicht gut sagen, daß Denken und Erinnern „Produkte“ des Ätherleibs wären. Sie sind vielmehr *Tätigkeiten des Ichs,* für die der *Ätherleib als Instrument* dient. Vielleicht kann man das Verhältnis zwischen dem Ich und dem Ätherleib beim Denken und Erinnern mit demjenigen von Künstler und Musikinstrument beim Musizieren vergleichen.

Frage 4

Wenn Sie schreiben, daß das Seelische der leiblichen Anschauung unzugänglich sei, zitieren Sie damit Rudolf Steiner und sind offenbar mit dessen Ausführungen einverstanden. Ich bezweifle hingegen diese Aussage. Das Leuchten der Augen einer glücklichen Mutter eines Neugeborenen ist meines Erachtens kein leiblicher Vorgang, und trotzdem kann ich es mit meinen eigenen Augen feststellen. Sie werden vielleicht sagen, daß dabei doch ganz winzige leibliche Vorgänge stattfinden, aber ich – oder der glückliche

Geliebte, der seiner Verehrten tief in die Augen schaut – nimmt das gar nicht wahr, sondern eben nur den Ausdruck der Seele.

Antwort
Der Ausdruck „leibliche Anschauung“ erscheint tatsächlich irreführend; denn die Seele ist ja übersinnlicher Natur und deshalb für eine Anschauung durch leibliche Sinne nicht direkt wahrnehmbar. Sie ist nur für das geöffnete „geistige Auge“ des Hellsehers unmittelbar sichtbar, mittelbar ist jedoch die Freude oder das Glück der Seele einer Mutter oder einer Geliebten durchaus beobachtbar. Allerdings ist der physische Leib für den seelischen Kontakt zwischen Menschen im Erdenleben als Vermittler unentbehrlich, obwohl die feinen Veränderungen in den Gesichtszügen und Augen dabei nicht bewußt wahrgenommen zu werden brauchen. So wird das soziale Zusammenleben der Menschen auf der Erde durch die Weisheit unseres Leibes möglich, auf den wir als „Tempel der Seele und des Geistes“ mit Dankbarkeit hinschauen sollten.

Frage 5
Sie sagen, daß Versuche mit Schimpansen zeigen, daß sie keine Voraussetzungen für das Lernen einer Sprache und des Denkens haben. In Frankreich habe ich eine Sendung gesehen, die sich genau mit dieser Frage auseinandersetzte. Sie haben ein Ehepaar gezeigt, das irgendwo am Rande des Dschungels in Afrika wohnt. Die haben ein Schimpansenbaby und versuchen ihm das Sprechen beizubringen, das heißt eine Zeichensprache, etwa so, wie man es den Taubstummen beibringt; und sie verzeichnen erstaunliche Erfolge. Andere machten Experimente mit Delphinen. Sie haben ihnen Wörter beigebracht, das heißt ihnen gezeigt, was sie heißen, und mit Geräten die Frequenzen der Laute der Delphine gemessen. Gewisse Wörter stimmten immer genauestens mit gewissen Lauten überein. Ich glaube nicht, daß das Dressurleistungen waren.

Antwort

Gewiß können höhere Tierarten gewisse Leistungen vollbringen, die sie durch Nachahmung des Menschen lernen. So können Papageien einzelne Worte und kurze Sätze nachsagen. Meine Frau erzählt von einem Papagei in Solothurn, der den Passanten auf der Straße zurief: „Dumme Chaib, häsch d Schtüre zalt?“ Das rief er aber auch solchen Leuten zu, die ihre Steuern schon bezahlt hatten. Wenn wir von der geisteswissenschaftlichen Überzeugung ausgehen, daß Tiere „verhinderte Menschen“ sind (vergl. M. Martin: Die Frage aller Fragen, Woher stammt der Mensch?, im Verlag Die Kommenden, 1983), so ist es nicht verwunderlich, daß bei Tieren gewisse Ansätze zum Sprechen und Denken durchaus vorhanden sind. Dafür spricht auch die Tatsache, daß Tiere nur im Jugendalter Spielfreude und Lernfähigkeit zeigen, während sie im Erwachsenenalter durch ihre Starrheit und Reizlosigkeit auffallen. In der Jugendphase zeigen sie eben noch eine „schattenhafte Erinnerung“ an ihre menschliche Herkunft.

Frage 6

Sie sagen, was unter dem 3. Lebensjahr passiert ist, haben wir vollkommen vergessen. Wir können uns nicht zurückerinnern. Unter Hypnose kann man sich bis zur Geburt, ja sogar vor die Geburt zurückerinnern. Es gibt auch noch andere Methoden wie Selbsthypnose, Meditation usw.

Antwort

Bekanntlich hat Thorwald Dethlefsen in seinem Buch „Das Leben nach dem Leben, Gespräche mit Wiedergeborenen“ (Heyne-Sachbuch 1974) von Menschen berichtet, die unter Hypnose im Trancezustand sich an ihre Erlebnisse bis zur Geburt und über diese hinaus an ein früheres Leben zurückerinnern konnten. Wie ist das möglich, wenn das Gedächtnis nur bis ins 3. Lebensjahr zurückreicht? Wir hatten am Schluß des Kapitels „Der Tod und das Leben nach dem Tode“ erwähnt, daß der Tote nach Ablegen des Astralleichnams die Lebensfrüchte seines vergangenen Erdenlebens mit seinem Ich verbindet und als sogenannten „Lebensextrakt“

für seine weitere Entwicklung bewahrt. Rudolf Steiner charakterisiert diesen „Lebensextrakt“ in folgender Art (in Menschheitsentwicklung und Christuserkenntnis, GA 100, Seite 64):
„Wir haben gesehen, daß der Mensch sowohl von seinem Ätherleib als auch von seinem Astralleib eine Essenz zurückbehalten hat aus seinen früheren Leben, eine Übersicht seiner Erlebnisse: und was er innerhalb seines Astralleibes bereits veredelt hat, das alles hat er mitgenommen in die geistige Welt. Nur das Unveredelte ist abgefallen.“
Bei der an sich fragwürdigen Methode, von der Dethlefsen berichtet, dürfte also diese Essenz die Informationsquelle über ein „Leben vor dem Leben“ sein. Das gewöhnliche Bewußtsein hat aber zunächst keinen Zugang zu dieser tief im Unbewußten liegenden Chronik der eigenen Vergangenheit. Sie muß durch die Entwicklung eines höheren Bewußtseins erschlossen werden.

Frage 7
Wie verhält es sich beim alten Menschen, der physisch und psychisch stark abgebaut ist, gibt es da unbewußt eventuell schon eine innere Vorbereitung für den baldigen Tod? Oder, wie wird der Zustand des Menschen, der im Koma liegt, seelisch erlebt?

Antwort
Das sind eigentlich zwei in enger Beziehung stehende Fragen. Alte, religiöse Menschen empfinden manchmal schon das Leben vor dem nahen Tod als eine Art „Fegefeuer“. Wenn der physische Leib im Alter krank und gebrechlich ist, muß man auf manche Freuden des Erdendaseins verzichten lernen und sich innerlich auf den Tod vorbereiten. Es sei auf das vom Verein für ein erweitertes Heilwesen herausgegebene Buch „Soziale Hygiene, seelisch-geistige Selbsthilfe im Zeitalter der Lebenskränkung“ und insbesondere auf das Kapitel über „Schöpferisches Altern“ hingewiesen, in welchem Anregungen für die Bewältigung der Probleme des alten Menschen gegeben werden.
Wie die Erfahrungsberichte von Menschen aussagen, die Todesnäheerlebnisse gemacht haben und von denen Moody in seinen

Büchern über „Leben nach dem Tod" erzählt, kann ein Mensch, der nur noch eine lose Verbindung mit seinem Körper aufrechterhält, seine Umgebung durchaus seelisch wahrnehmen. Die guten Gedanken und die Anteilnahme von Menschen, die den Kranken besuchen, können deshalb für ihn eine wertvolle Hilfe sein, obwohl ein direkter Kontakt nicht mehr möglich ist.

Frage 8
Wie kann mir die Anthroposophie helfen, Schmerz, Trauer und Sehnsucht nach dem Tod eines Angehörigen zu überwinden?

Antwort
Manche Menschen haben schon bestätigt, daß ihnen das Ertragen des Verlustes eines lieben Angehörigen durch das Wissen um das Weiterleben des Toten leichter fiel als ohne dasselbe. Vergegenwärtigt man sich in der Erinnerung das Zusammenleben mit ihm in möglichst lebendigen Bildern, so dürfte ihm damit in seiner nachtodlichen Rückschau eine echte Hilfe geboten werden. Andrerseits kann man glauben, daß der Tote auch mit uns verbunden bleibt und uns im Leben beisteht, wie das Conrad Ferdinand Meyer in seinem schönen Gedicht „Chor der Toten" zum Ausdruck bringt.

Frage 9
Liegen konkrete Beweise vor, daß der Mensch für alles, was er im Leben Unrechtes getan hat, büßen muß? Und das 20 bis 30 Jahre lang? Woher kommt diese Behauptung? Das kann doch niemand mit Sicherheit sagen.

Antwort
Diese Frage ist recht herausfordernd gestellt und muß entsprechend beantwortet werden.
Zuerst sei an die Ausführungen zum Einwand, die Anthroposophie beweise nicht, was sie behauptet, erinnert. Solche Beweise, wie sie in der Naturwissenschaft üblich sind – Dokumente, Experimente usw. –, kann die Geisteswissenschaft nicht erbringen, so

wenig wie man einem Blinden die Farben beweisen kann, es sei denn, man könne ihn sehend machen.
Sodann liegt der Ausdruck, man müsse für seine Verfehlungen „büßen", doch neben dem Geiste der gemachten Darstellung über das Kamaloka. Bei der nachtodlichen Rückschau handelt es sich niemals um eine Belohnung oder Bestrafung für die Erdentaten, sondern um eine von höheren Mächten verständnisvoll geleitete Objektivierung und Selbstbeurteilung derselben, durch die der Mensch die Impulse zur Wiedergutmachung und Vervollkommnung in sich aufrufen kann.
Schließlich enthält die Aussage: „Das kann doch niemand mit Sicherheit sagen", ein Vorurteil. Warum soll das niemand sagen können? Eine wissenschaftliche Haltung muß gegenüber neuen, unerwarteten Einsichten immer völlig offen bleiben. Wir dürfen natürlich nicht kritiklos, aber wir müssen unbefangen sein, das heißt wir dürfen neue Einsichten nicht durch voreilige Urteile ausschließen.

Frage 10
Im Zusammenhang mit der Wiederverkörperung und dem Schicksal möchte ich Sie fragen: Die Vorbereitung der Seele auf die Wiederverkörperung, das Devachan, geschieht mit göttlichen Helfern, toten Angehörigen und Lebensgefährten. Als vergleichbares Bild dazu das Samenkorn: Dieses wird ja nun in der heutigen Zeit allzu oft chemisch behandelt, auf künstliche Art frisiert, verändert. Kann die geistige Welt auch so verseucht werden? Aus dem Rhythmus geworfen? Wie? Was läßt sich dagegen unternehmen?

Antwort
Vielleicht kann uns das 4. Bild des Mysteriendramas „Die Pforte der Einweihung" Rudolf Steiners (GA 14) zeigen, wie verkehrtes menschliches Denken in der geistigen Welt Sturmgewalten entfesseln kann. Darin müssen die Vertreter der Wissenschaft Professor Capesius und Doktor Strader in der Seelenwelt erfahren, wie ihre wissenschaftlichen Theorien für das Geisterland vielfach nur Wahngebilde sind. So sagt der Geist der Elemente zu ihnen: „Ihr

konntet sehen, wie wenig eure kühnen Worte in meinem Reiche gelten. Den Sturm entfesseln sie, und Elemente rufen sie zu aller Ordnung Gegner auf."

In einem Vortrag über „Anthroposophie als ein Streben nach Durchchristung der Welt" vom 11. Juni 1922 schildert Rudolf Steiner, wie die in der physischen Welt ebenso wirksamen Elementarwesen wie Steine, Pflanzen, Tiere und Menschen sich mit den Widersachermächten zu bösen Zielen verbünden könnten, wenn die Menschen von der geistigen Welt nichts wissen wollen. „Es ist sozusagen der Kompromiß im Werke zwischen den ahrimanischen Mächten und den Naturgeistern, und es gibt keine andere Möglichkeit, dies zu verhindern, als dadurch, daß sich die Menschen in ihrer Erkenntnis an die geistige Welt wenden und dadurch bekannt werden mit den Naturgeistern, ebenso wie mit Sauerstoff, Stickstoff, Wasserstoff, Kalzium, Natrium usw."

Die geistige Welt kann also schon aus dem Rhythmus, aus der von den guten göttlichen Mächten geplanten Entwicklung geworfen werden, wenn die Menschen nicht richtig streben.

Frage 11

Eine andere Frage beschäftigt mich im Zusammenhang mit der Rück- und Vorschau im Nachtodlichen bzw. Vorgeburtlichen. Kann sich der Mensch dessen bewußt werden, was seine Seele vorausgeschaut hat; ist es das, was jedes menschliche Ich anstrebt oder gehört das zum Urvertrauen des Individuums der geistigen Führung, auch der eigenen Seele gegenüber?

Antwort

Im Erdenleben erfahren wir unser Schicksal gewöhnlich wie etwas, das uns von einer fremden Macht von außen zugeworfen wird. Wir fassen die Schicksalsereignisse unseres Lebens als Zu-fälle auf, die uns ohne unser Zutun treffen sollen. Eine sorgfältige Lebensbeobachtung kann uns aber lehren, daß unser Schicksal keineswegs aus zufälligen Ereignissen besteht, sondern daß die karmischen Erlebnisse in einem sinnvollen Zusammenhang stehen und unserem eigenen Wesen nicht fremd sind. Eine Bewußtwerdung des vorgeburtlichen Lebens und der in der Rück- und Vorschau gefaßten Lebensziele bleibt wohl einer höheren Erkenntnis vorbehalten; aber ein Urvertrauen gegenüber den unbewußten Führungskräften der eigenen Seele kann sich bei solcher Lebensbeobachtung schon nach und nach einstellen.

Frage 12
Ist es für den Menschen möglich, sich an einem anderen Ort als auf dieser Erde zu reinkarnieren?

Antwort
Diese Frage kann man sich selbst durch logisches Überlegen beantworten. Eine menschengemäße Verkörperung in einen physischen Leib setzt natürlich das Vorhandensein der menschlichen Vererbungsströmung voraus. Und da sich die Evolution der menschlichen Leiber auf der Erde vollzogen hat, ist es ganz undenkbar, wie solche Leiber auf einen anderen Planeten hätten versetzt werden können, der ähnliche Lebensbedingungen wie unsere Erde aufweist. Wir wissen heute, daß unser Sonnensystem keinen derartigen Planeten aufweist. Und andere Fixsterne sind derart weit entfernt – der nächste Stern Proxima Centauri ist 4 Lichtjahre entfernt –, daß man physisch kaum je dahin gelangen kann.
Wie recht haben doch die Leute, die darauf hinweisen, daß wir auf Gedeih und Verderb für unsere Menschwerdung auf das kleine „Raumschiff Erde" angewiesen sind!

Frage 13
Die Lebensvorgänge sind von einer ungeheuren Kompliziertheit. Angesichts dieser Tatsache sollte es einem Schöpfer eigentlich möglich gewesen sein, Vollkommenheit bereits im ersten Wurf zu erreichen. Die ganze Mühsal wäre damit ausgespart geblieben.

Antwort
Tatsächlich bringt die moderne Forschung immer neue Erkenntnisse und Tatsachen an den Tag, die uns einen immer besseren Einblick in die komplizierte Weisheit der Lebensvorgänge erlaub-

ten. Während man früher lange an eine einmalige Schöpfung der Welt glaubte, hat die Wissenschaft erst im 19. Jahrhundert erkannt, daß die Fülle der Lebenserscheinungen und der Tier- und Pflanzenarten nur allmählich in einer langen dynamischen Evolution entstanden sein konnte. Die Entwicklungslehre ist doch wohl eine der größten Errungenschaften der Naturwissenschaft; denn die Welt ist uns dadurch vertrauter geworden, daß wir ihr Werden wenigstens in einigen Grundzügen mit unserem Denken nachvollziehen können.
Müßte uns ein Schöpfer, der diese Welt in ihrer ungeheuren Kompliziertheit sozusagen im ersten Wurf zustande gebracht haben sollte, nicht auch ein recht fremdes Wesen bleiben? Wir wissen, daß Fortschritt und Vervollkommnung im Leben nur durch unermüdliche Anstrengung möglich sind. Ein Leben ohne Mühsal müßte doch wohl recht langweilig sein?

Frage 14

Der Mensch wird ohne klaren Auftrag in die Welt entlassen. Insbesondere durch den Verlust der Erinnerung an frühere Leben kann er seine Aufgabe lediglich in Selbsterkenntnis aufzuspüren versuchen bzw. in vergleichenden Betrachtungen von Umwelt, Geschichte, Philosophie und Religion erarbeiten. Diese Situation empfinde ich als unfair.

Antwort

Bischof Nemesios von Emesa hat in seinem „Hymnos vom Menschen“ damals ein Menschenbild skizziert, von dem man nicht sagen konnte, daß der Mensch ohne klaren Auftrag in die Welt entlassen worden war. Wenn wir die Biographien bedeutender Gestalten der Vergangenheit auf uns wirken lassen, sind wir doch immer wieder von der Zielstrebigkeit ihres Lebens tief beeindruckt. Die Zweifel am Sinn des Lebens scheinen ein Charakteristikum des modernen Menschen der Gegenwart zu sein. Da möchte uns gerade die Anthroposophie helfen, die Sonderstellung und damit auch den Auftrag des Menschen im Weltganzen zu erkennen und zu ergreifen. Da er das einzige Wesen ist, das zugleich in der geistigen und in der materiellen Welt verwurzelt ist, kommt ihm eine entscheidende Mittlerrolle zwischen den beiden Welten zu. Wir könnten uns an Menschen, wie Lessing einer war, ein Vorbild nehmen. Er war dankbar dafür, daß er in seinem Ringen um Selbsterkenntnis nicht durch die Erinnerung an frühere Erdenleben behindert war, sondern daß er seine Stellung in der Welt durch vergleichende Betrachtungen von Umwelt, Geschichte, Philosophie und Religion sich erarbeiten durfte und dadurch erst in voller Freiheit seinen Auftrag erfassen lernen konnte.

Frage 15
Prädestination oder Willensfreiheit. Keines scheint mir ausschließlich gegeben. Damit stellt sich aber die Frage der Grenzziehung. Verläuft die Grenze entlang von Erbsünde und individuellem Verhalten? Könnte die Verantwortlichkeit für frühere (Un)taten nicht durch das Fehlen von entsprechenden Entscheidungsgrundlagen relativiert werden?

Antwort
Bekanntlich hat der Gegensatz von Prädestination und Willensfreiheit die Menschen schon seit jeher ungemein beschäftigt. Wir müßten aber erkennen, daß diesen beiden Begriffen eine Lebenshaltung zugrunde liegt, die der wahren Situation des Menschen nicht gerecht wird. Die Prädestination neigt zum Fatalismus, der das Schicksal als ein dem Menschen fremdes, aufgezwungenes Wesen betrachtet. Und die Willensfreiheit neigt zur Willkür, bei der der Mensch nicht aus Einsicht, sondern aus dunklen Trieben heraus handelt.
Der gegenwärtige Mensch ist tatsächlich weder frei noch unfrei, sondern auf dem Wege zur Freiheit, wie es Rudolf Steiner sagt. Natürlich ist auf diesem Wege zur Freiheit die Verantwortlichkeit für unsere Taten und Untaten durch die mangelnde Einsicht in die Gesetze des Karmas relativiert. Der primitive, seinen Trieben folgende Mensch handelt unfrei und erfährt durch sein selbst verursachtes Schicksal das Walten der Weltgerechtigkeit. In der Folge vieler Erdenleben erwirbt er sich die Kenntnis der Gesetze seiner

Umwelt und wird in dem Maße ein freier Geist, als er im Lichte des Bewußtseins und der Einsicht handeln lernt.

Frage 16
Ist es richtig und gut, über sich selbst zu erfahren, was in einem früheren Leben war? Solche Angebote werden ja heute gemacht. Es wurde mir z. B. im Rahmen eines Horoskopes etwas in dieser Richtung mitgeteilt. Ich bin ziemlich hilflos.

Antwort
Tatsächlich findet man in Zeitungen solche Angebote wie das folgende: Möchten Sie wissen, wer Sie einmal waren, was Sie in früheren Leben verursacht haben? Hypnose führt Sie zu den Ursachen Ihrer heutigen Probleme. Und indem man diese löst, er-löst man sich selbst. Übrigens: Ich kann Sie auch in die Zukunft führen ... Name ... Telefon.
Die Neugier, etwas über seine früheren Erdenleben und das zukünftige Schicksal zu erfahren, ist verständlicherweise bei manchen Menschen recht groß. Diese Neugier wissen sich gewisse Leute zunutze zu machen und daraus Geld zu schlagen. Die letze Äußerung des Fragenden ist schon deutlich genug. Solche Mitteilungen treffen uns ja völlig unvorbereitet und lassen sich nicht auf ihre Richtigkeit prüfen. Sie können deshalb unser gegenwärtiges Leben in gefährlicher Weise bedrohen.
Lessing hätte es – wie man aus den letzten Paragraphen seiner „Erziehung des Menschengeschlechtes" entnehmen kann – sicher abgelehnt, durch Hypnose etwas von seinen früheren Leben zu erfragen, weil er bereit war, sich zuerst selbst so zu vervollkommnen, bis er einmal selbst bei voller Besonnenheit in seine früheren Leben hineinschauen könnte.
Wer in diesen Dingen nicht warten kann, bis er sich die nötige Reife erworben hat, befriedigt nur einen gefährlichen Seelenegoismus. Unsere Aufgabe ist es, uns für die allgemein menschlichen Fragen zu interessieren und nicht, momentane persönliche Neugierden zu befriedigen. Nur wenn wir – wie es Lessing getan hat – die Wiederverkörperungslehre als eine für das Verständnis der

Lebenstatsachen denknotwendige Idee einsehen lernen, werden wir einmal nicht durch unangenehme frühere Lebenserfahrungen aus der Bahn geworfen werden, sondern sie mit einem fest in sich gegründeten Denken richtig deuten und beurteilen können.

Frage 17
Woher kommt die Seele ursprünglich? Wie ist das mit der Schöpfung? Von Gott wurde *ein* Menschenpaar geschaffen, woher kommen die *vielen* Seelen?

Antwort
Diese Frage aller Fragen – so äußerte sich einmal der Biologe Huxley – nach der Herkunft des Menschen hat zwei Seiten, eine natürlich-irdische und eine göttlich-himmlische. Auf dem „Menschheitsplaneten" haben die Schöpfermächte die menschlichen Leibeshüllen erschaffen. Das Menschenpaar Adam und Eva ist gleichsam ein Bild für das Entwicklungsziel der Erde: die vom göttlichen Odem durchseelte Menschengestalt. Auf die Frage nach der Herkunft der vielen Menschenseelen gab Rudolf Steiner das folgende Gleichnis:
„Was heute in Ihnen lebt, lebte dazumal außer Ihnen, in der Geist-Atmosphäre, die Sie umgab. Aber es lebten die einzelnen Seelen, die heute getrennt in Ihren Leibern leben, dazumal noch nicht getrennt. Stellen wir uns das so vor, wie wenn in diesem Wasserglase Tausende von Wassertropfen wären, die alle miteinander verbunden sind. So waren alle Seelen, die dann auf die Menschen verteilt wurden, in dieser Geistesatmosphäre wie Seelentropfen, aber in einem einheitlich verfließenden Element aufgelöst. Und Sie können sich noch weiter vorstellen: Wenn ich tausend Tropfen einsaugen ließe, dann würden diese tausend Tropfen jetzt in den tausend Schwämmchen verteilt sein. So müssen Sie sich die Verteilung des Geistigen im lemurischen Zeitalter vorstellen. Was vorher im Umkreis war, das senkte sich in die Leiber; es wurden besondere Wesenheiten" (in: Die Mysterien des Geistes, des Sohnes und des Vaters, GA Nr. 96).

Frage 18
Wenn die Menschen aus ihrem Leben immer wieder Lehren ziehen, befinden sie sich bzw. sollten sie sich auf dem Wege der Vervollkommnung befinden. Sind sie das? Spricht das heutige Weltbild nicht gegen diese These?

Antwort
Man kommt mit diesem Rätsel nicht zurecht, wenn man nicht erkennt, daß sich die Menschheit *zugleich in einer Aufwärts- und in einer Abwärtsentwicklung* befindet. Einerseits hat sie in der Vergangenheit große geistige und zivilisatorische Fortschritte gemacht, andrerseits ist sie tiefer ins Materielle eingedrungen wie nie je zuvor, um in ihrer Gottesferne die Freiheit zu erringen. Aber Freiheit ist nur dann eine wirkliche Freiheit, wenn der Mensch sich für das Gute oder Böse entscheiden kann, wie es Lessing sagte: Der Mensch will das Gute tun, weil es das Gute ist – oder er will es nicht! Wir leben heute in einer Zeit großer Entscheidungen, im Kampfe der guten und bösen Mächte um die Zukunft des Menschen; deshalb ist es schwierig, die Vervollkommnung als das Ziel der wiederholten Erdenleben anzuerkennen.

Frage 19
Der Entschluß des Menschen im nachtodlichen Dasein, im nächsten Leben begangenes Unrecht auszugleichen und zugleich damit besser zu werden, scheint mir ein frommer Wunsch zu sein. Er realisiert sich nicht. An dem Satz „homo homini lupus" hat sich bis heute nichts geändert. Im Gegenteil, wenn man die Entwicklung im Weltgeschehen betrachtet: Die Menschen werden immer böser, nirgends wird altes Karma aufgearbeitet, wohl neues, furchtbares gesetzt. Angefangen von den Greueln der Deutschen im Dritten Reich bis zu den heutigen in Kambodscha, Mittelamerika usw. Da scheint mir ein Widerspruch zwischen Theorie und Praxis vorzuliegen.

Antwort
Heute geht es bestimmt vielen Menschen so, daß sie angesichts

des Unrechtes und der Greuel, von denen wir täglich erfahren, jede Hoffnung auf eine Besserung des Menschen verloren haben. Die Überzeugung „Homo homini lupus – der Mensch ist für den anderen Menschen ein Wolf" – des römischen Komödiendichters Titus Maccius Plautus erscheint tatsächlich mit der Idee einer Entwicklung und Vervollkommnung des ewigen Menschengeistes durch die Folge wiederholter Erdenleben nicht vereinbar. Wir müssen uns jedoch fragen, ob dieser Widerspruch zwischen Ideal und Wirklichkeit vielleicht nicht dadurch zustande kommt, daß wir mit unserer Sinneserfahrung nur eine relativ begrenzte Zeit überblicken können, während die Evolution des Menschen durch die durchschnittlich eintausend Jahre auseinanderliegenden Erdenleben einen viel größeren Zeitraum beansprucht, in welchem die Menschheit große seelische Wandlungen durchschreitet. So war das Seelenleben der Menschen etliche Jahrtausende vor unserer Zeitrechnung nach geisteswissenschaftlichen Forschungsergebnissen, ähnlich wie bei den Tieren, noch stark durch Instinkte geprägt. Erst nachdem die Menschen gelernt hatten, ihren Verstand zu gebrauchen und ein Eigenwollen zu entwickeln, entstand allmählich das *Gewissen* und wurden die Menschen zum selbstverantwortlichen Handeln fähig. Nachdem die Völker lange unter der Führung göttlich-geistiger Mächte gestanden hatten, erlangte der Mensch erst in neuerer Zeit die volle *Freiheit für sein moralisches Handeln.* Deshalb haben die bösen Mächte, die für die Geisteswissenschaft reale übersinnliche Wesen und nicht bloß Symbolgestalten von Dichtern und Malern sind, erst in neuester Zeit einen ungehinderten Zugang zur menschlichen Seele erlangt und es entspricht die Beobachtung, daß die Menschen immer böser werden, durchaus einer geistigen Tatsache. Die Widersachermächte sind es, die unser Denken verwirren und uns in die Verzweiflung treiben wollen. In dieser schweren Zeit der Versuchungen und Prüfungen möchte uns gerade die Anthroposophie helfen, unser Schicksal mutig zu tragen und das Wahre und Gute aus eigener Kraft zu finden und zu wollen.

Frage 20
Wie können wir das heutige tragische Schicksal der meisten Menschen erklären bzw. verstehen, also Hunger, Unterdrückung, Kriege und Flüchtlingselend usw. Mir ist die Grenze zwischen Fatalismus und Verstehen unklar.
An den Folgen akuter Unterernährung werden in diesem Jahr 1981 nach Aussage der Uno-Ernährungs- und Agrarkommission (FAO) voraussichtlich 15 Millionen Menschen sterben. Die meisten von ihnen sind kleine Kinder unter 5 Jahren. Wo ist dort die Entwicklungsmöglichkeit?

Antwort
Hungersnöte, Unterdrückung, Krieg und Flüchtlingselend hat es seit Menschengedenken gegeben; aber heute, wo die Menschheit durch den Verkehr und die Nachrichtentechnik zu einer großen Schicksalsgemeinschaft geworden ist, erfahren wir in Kürze von dem weltweiten Menschenelend, das durch die Machtgier und die Unvernunft verursacht wird. Wenn man die Milliarden, welche für die Rüstung verschleudert werden, zur Bekämpfung von Hunger und Not einsetzen würde, könnte man das Elend mildern.
Es wäre denkbar, daß das Elend, das ein hungerndes Kind, ein Flüchtling oder ein politischer Gefangener zu durchleiden hat, karmisch durch Taten verursacht ist, durch die der betreffende Mensch in früheren Leben anderen Menschen Leid zugefügt hatte. Im jetzigen Leben muß er nun das Elend oder die Verfolgung an sich selber erfahren, um im nachtodlichen Erleben die Impulse für eine Wiedergutmachung aufzunehmen. So gibt es heute auch viele Menschen, die wohltätig sind und sich in Hilfsorganisationen für Flüchtlinge und Unterdrückte einsetzen. Viele Menschen erwachen heute zu der Einsicht, daß die Menschen auf der Erde aufeinander angewiesen sind und daß eigentlich niemand glücklich sein kann, solange es auf der Erde leidende Menschen hat.

Frage 21
Ein Problem interessiert mich vor allem: das der Reinkarnation. Viele geisteswissenschaftliche Erkenntnisse überzeugen mich, aber

das Dogma der Reinkarnation (die selbstverständliche Art und Weise, wie es immer wieder als ein nicht mehr zu bezweifelndes Prinzip vorausgesetzt wird, kann man ja wohl nur als Dogma bezeichnen!) will mir einfach nicht einleuchten. Wie verträgt sich die Idee des Karma und des selektiven Verhaltens der sich reinkarnierenden Geistwesenheit mit der Tatsache, daß gegenwärtig Hunderte von Millionen sich reinkarnierender menschlicher Wesen wegen mangelnder Ernährung überhaupt keine Gelegenheit haben, ein normal funktionierendes Gehirn aufzubauen, so daß sie nur einige Tage, Monate oder Jahre unmenschlich und unfrei dahinvegetieren? Sie haben also von vorneherein keine Gelegenheit, zum Ich-Bewußtsein und zu einer verantwortlichen Kompensation früherer Versäumnisse, Fehler usw. durchzustoßen? Was sollen Millionen solcher sinnloser Reinkarnationen? Warum wird jeder befruchtete menschliche Keim von einer Geistwesenheit besetzt? Es müßte doch Ausfälle geben, wenn die Besetzung bewußt selektiv ist, wie das Prof. Hartmann behauptet? Angesichts der gegenwärtigen Welt-Hungerkatastrophe erscheint mir der Gedanke der Reinkarnation einfach absurd. Er paßt eigentlich nur für die bürgerliche Gesellschaft der europäischen Staaten. Haben Sie eine Antwort darauf?

Antwort
Die Reinkarnationslehre gehört neben der Gliederung des Menschenwesens in physischen, ätherischen, astralischen Leib und Ich zu den grundlegenden Wahrheiten der Geisteswissenschaft. Aber man würde die Anthroposophie mißverstehen, wenn man ihre Mitteilungen als dogmatische Glaubensinhalte betrachten würde. Sie möchte vielmehr dem Menschen im wissenschaftlichen Zeitalter in zeitgemäßer Art einen *Erkenntnisweg* aufzeigen, der zu eigenständigen Einsichten in die geistige Welt führen kann. Durch eine Erweiterung naturwissenschaftlicher Gesetze können Reinkarnation und Karma durchaus als die entscheidenden Evolutionsgesetze des Menschen vom Denken eingesehen werden. Die erschütternde Tatsache, daß gegenwärtig Millionen von Menschen in Entwicklungsländern wegen ungenügender Ernährung keinen

gesunden Organismus aufbauen können und nach einem wenige Tage, Monate oder Jahre dauernden elenden Dasein dahinsterben, muß unserem irdischen Bewußtsein nebst vielen anderen furchtbaren Schicksalen auf der Erde als himmelschreiende Ungerechtigkeit erscheinen. Aber müßten solche furchtbaren Tatsachen nicht gerade dann als sinnlose Absurditäten gelten, wenn der Mensch nur einmal leben sollte, wie das heute die meisten Menschen noch glauben? Wenn die Geistwesenheit des Menschen sich aber durch eine Folge vieler, zeitlich weit auseinanderliegender Erdenleben entwickelt, dann könnte ein einzelnes, unglückliches und tragisches Erdenleben vielleicht doch einen tieferen Sinn haben? Allerdings könnte nur ein Bewußtsein, das diese Reihe von Inkarnationen zu überblicken vermag, die Bedeutung eines solchen vom Erdenstandpunkte absurd erscheinenden Lebens beurteilen. Nun hat Günther Wachsmuth in seinem Buche „Reinkarnation" (Philosophisch-anthroposophischer Verlag am Goetheanum, Dornach 1983) sehr viel Material über wiederholte Erdenleben und Schicksal aus Vorträgen Steiners zusammengetragen und übersichtlich dargestellt. Im Abschnitt über „Gesundheit und Krankheit. Anormale Fälle" weist er darauf hin, daß *Zivilisationskatastrophen* und ein dadurch bedingter *früher Tod* – und als solche darf man wohl auch Hungersnöte betrachten – die *Willensfähigkeiten* der betroffenen Individualität *bedeutend verstärken* und *die Vergänglichkeit des Erdendaseins vor das Seelenauge rücken* können. Ein Mensch, der in früheren Erdenleben vielleicht zu stark der Erde und ihren Genüssen verhaftet war, kann durch die Schockwirkung einer solchen einmaligen, tragischen Inkarnation im nachtodlichen Leben *Impulse für ein spirituelleres späteres Erdenleben* aufnehmen. Dazu kommt, daß durch einen frühen Tod Kräfte, die in einem normalen Erdenleben verbraucht worden wären, für ein nächstes Leben in höherem Maße zur Verfügung stehen und eine *kräftigere und charaktervollere Persönlichkeit* zur Folge haben können.

Im Lichte der Geisteswissenschaft kann also eine einzelne, unglückliche Inkarnation bei der Vielzahl aufeinanderfolgender Verkörperungen durchaus einen tiefen Sinn haben. Natürlich wäre es

ganz verkehrt, wenn jemand mit seinem irdischen Verstand so argumentieren würde, daß man deshalb Hungersnöte und gar Selbstmorde bejahen sollte. Unsere Aufgabe auf der Erde ist es selbstverständlich, die Not unglücklicher Menschen lindern zu helfen und den aus momentanen Emotionen und Schwierigkeiten begangenen Mord als den wohl schlimmsten Eingriff in die kosmische Weisheit unseres Karmas entschieden abzulehnen.
Jede Befruchtung eines menschlichen Keimes und die nachfolgende embryonale Entwicklung im Mutterleibe bis zu einem geburtsreifen Kind ist trotz unserer fortgeschrittenen medizinischen Kenntnisse nach wie vor ein von einer Geisteswesenheit gelenktes, wunderbares Geschehen, dem wir nur in tiefster Ehrfurcht begegnen und an dessen Richtigkeit wir niemals zweifeln dürften.

Frage 22
Zeigt Gott dem sich inkarnierenwollenden Ich die neuen, einzig richtigen Eltern? Sie schreiben „So wie das Samenkorn im Frühjahr aus Erdenstoffen einen neuen Pflanzenleib aufbaut, umgibt sich der Ich-Keim mit einem neuen Astralleib und einem neuen Ätherleib, bevor er sich nach der Empfängnis mit einem neuen physischen Leib aus der Vererbungsströmung der elterlichen Vorfahren verbindet“. Dürfte ich Sie bitten, mich diese Vorstellung noch besser verstehen zu lehren?

Antwort
Günther Wachsmuth hat in seinem Buch über „Die Reinkarnation des Menschen als Phänomen der Metamorphose“ dargestellt, wie die Geistseele bei ihrem Abstieg aus den himmlischen Reichen mit den Engeln der 3. Hierarchie zusammen sich mit dem Volk, der Familie und einem Elternpaar verbindet, das ihr schließlich das Leibesmodell vererbt, in das sie sich inkarniert. Er zitiert auf Seite 145 eine Äußerung Rudolf Steiners: „Lange bevor man zu diesem Erdenleben heruntersteigt, hat man ein geistig-ätherisches Urbild aufgebaut aus der geistigen Welt heraus, das die Kräfte in sich trägt, die man geistig-magnetische Kräfte nennen könnte, die einen herunterziehen zu einem Elternpaar, von dem man fühlt:

es gibt uns die Vererbungsmerkmale, damit wir in einem neuen Erdenleben auftreten können."

Frage 23

Ich wäre Ihnen dankbar, wenn Sie bei Gelegenheit auch auf Unterschiede bzw. Zusammenhänge der Anthroposophie mit östlichen Religionen, z. B. dem Buddhismus, eingehen könnten. Ich selbst habe mich mit Buddhismus, im speziellen mit dem Leben Buddhas, befaßt und glaube, ein paar wenige Parallelen zu entdecken. Trifft dies zu? Hatte Rudolf Steiner Kontakte zu Buddhisten, oder hatte er sich auch einmal mit der buddhistischen Lebensweise befaßt?

Antwort

Rudolf Steiner hat öfters in Vorträgen über Buddha gesprochen und dessen Leben mit demjenigen Christi verglichen. Im „Christentum als mystische Tatsache" weist er auf ein Buch von Rudolf Seydel über „Buddha und Christus" hin, in welchem die Ähnlichkeit im Leben dieser beiden großen Eingeweihten an vielen Einzelheiten aufgezeigt wird.

Gegenüber der Anthroposophie ist häufig der Einwand gemacht worden, sie habe nur Inhalte aus alten, okkulten Schriften aufgewärmt. Das mag so scheinen, weil Rudolf Steiner häufig für übersinnliche Wesen und Tatsachen Namen und Bezeichnungen aus alten Schriften übernommen hat. Er versichert jedoch, daß er *nur solche Inhalte mitgeteilt habe, die er aus eigener Forschung gefunden habe.* Natürlich sind diese Inhalte keine anderen als diejenigen alter, orientalischer Religionen; nur müssen sie heute in eine dem durch naturwissenschaftliches Denken geprägten Diesseitsbewußtsein angemessene Form gebracht werden. Darum gibt es nicht bloß wenige, sondern viele Parallelen der Anthroposophie zu östlichen Religionen.

Frage 24

Aus Ihren bisherigen Ausführungen verstehe ich nicht ganz klar, ob die Anthroposophie als Religions-Ersatz aufzufassen ist oder eher eine Erklärung zur Religion gibt.

Antwort
Im Kapitel über „Anthroposophie und Christentum" wurde versucht, das Verhältnis der Anthroposophie zur Religion, insbesondere zum Christentum, zu charakterisieren. Es sollte deutlich gemacht werden, daß *Anthroposophie weder eine neue Religion noch ein Religions-Ersatz* ist, sondern eine *Geisteswissenschaft, die zu einer Vertiefung des religiösen Empfindens und Erlebens* führen möchte.
Rudolf Augstein gibt in seinem Buch über „Jesus – Menschensohn" die Ansicht der beiden Großtheologen Barth und Bultmann wieder: „Gefragt werden darf nicht, ohne Fragen muß geglaubt werden. Rückfrage ist schon Ablehnung. Denn wer fragt, hört auf zu glauben." Die Anthroposophie möchte gerade umgekehrt den Menschen auf einem Erkenntnisweg durch denkende Bemühung zum Vertrauen in die übersinnlichen Wahrheiten der Religion hinführen.

Frage 25
Die Anerkennung der Lessingschen Logik, nach welcher der Mensch die Offenbarungen auch des Neuen Testamentes entbehren könne, und die Betonung der durch eigenständiges Denken erworbenen Vernunftwahrheiten als eines „ewigen Evangeliums" bieten ohne Ergänzung Ihrerseits Kirchenleuten, die doch auch zu den Lesern gehören sollten, eine neue Angriffsfläche: „Da sieht man's wieder: Selbsterlösung!" Hiermit komme ich zu meiner eingangs angekündigten echten Frage: Wie erfülle ich einen Wunsch von Dr. Rudolf Bubner (Kassel), Autor von „Evolution – Reinkarnation – Christentum" (Urachhaus, Stuttgart 1975), ich möge dem Verfasser des Herderbüchleins „Seelenwanderung und Wiedergeburt – Leben wir nicht nur einmal?, Gerhard Adler, eine Erwiderung schicken? In seinem Schlußkapitel sagt der vielerorts Positiv-Urteilende: „Wie vereinbaren sich Heilszusage, Barmherzigkeit und Liebe Gottes mit dem harten Kausalitätsgesetz des

Karma? Sowohl die sogenannte Erbsünde als auch die Folgewirkung persönlicher Schuld sind grundsätzlich etwas anderes als die gnadenlose Karmawirkung." Auf Seite 130/131 spricht er nochmals vom „kalten Ausgleich", der „keinen Platz für Gnade und Barmherzigkeit" lasse für göttliche Schicksalslenkung „in freier Souveränität".

Antwort

Der scheinbar unversöhnliche Gegensatz zwischen der Heilszusage, Barmherzigkeit und Gnade Gottes und den Gesetzen von Wiederverkörperung und Schicksal des Menschen beruht auf einem Mißverständnis und einer materialistischen Auffassung von Reinkarnation und Karma. Wer von „gnadenloser Karmawirkung" und „kaltem Ausgleich" in der Folge wiederholter Erdenleben spricht, mißversteht diese Entwicklungsbedingungen des Menschen als Naturgesetze, wie sie im Bereich der anorganisch-toten Mineralwelt walten, und denkt das Karma ausschließlich in Kategorien wie Sünde und Strafe oder Gehorsam und Belohnung. Wir hatten schon darauf hingewiesen, wie im Mittelalter die urchristliche Lebensweisheit, wonach unser Dasein von göttlicher Gerechtigkeit durchwaltet ist, von moralisierenden Kanzelrednern einseitig auf ein einmaliges Erdenleben und ein von Strafe und Lohn beherrschtes nachtodliches Leben eingeschränkt worden war. Und wenn, abgesehen von einigen wenigen Stellen, die Bibel die Reinkarnation und das Karma nicht ausdrücklich lehrt, so sollte der Mensch im Sinne Lessings auf seiner zweiten Entwicklungsstufe sein gegenwärtiges Erdenleben in der Nachfolge Christi am Unsterblichkeitsglauben orientieren lernen. Inzwischen hat sich der Mensch aber weiterentwickelt und im naturwissenschaftlichen Zeitalter gelernt, die Welt und das Leben mit neuen Quellen der Erkenntnisfindung – Lebenserfahrung und Vernunft – zu begreifen. Er müßte vollends der *Orientierungslosigkeit und Verzweiflung* anheimfallen, wenn er *den Sinn seines Daseins nicht durch Erweiterung der Erkenntnisgrenzen über Geburt und Tod* hinaus verstehen lernen könnte, insbesondere über die Geburt hinaus in sein vorgeburtliches Dasein und in frühere Erdenleben, durch die das gegenwärtige Schicksal bestimmt ist. Wenn wir durch die Anthroposophie erkennen lernen, wie das Karma wirkt und wie der Mensch sich durch die wiederholten Erdenleben entwickelt, so kann gerade *diese Betätigung der Vernunft als große, göttliche Gnade* erlebt werden. Denn Gott schenkt damit dem Menschen eine *Einsicht in seinen Weltenplan und in die Erlösertat seines Sohnes Jesus Christus.* So ist eine immer tiefere Einsicht in die Entwicklungsbedingungen der Menschheit und auch in die persönlichen Schicksalszusammenhänge *nicht ein Selbsterlösungsprozeß*, sondern Ausdruck göttlicher Liebe und Barmherzigkeit für den suchenden und strebenden Menschen. Wer solcher Gnade teilhaftig wird, müßte immer bescheidener werden und die im Karma waltende göttliche Führung und Fürsorge mit Dankbarkeit erkennen.

Frage 26
Im Kapitel „Die Bewußtseinszustände des Wachens, Träumens, Schlafes und Todes" heißt es: „Bekanntlich wartet man wenige Tage, bevor man einen Toten begräbt oder kremiert. Das hat seinen Grund: Der Ätherleib hat nach dem Tode keine Aufgabe mehr und löst sich innerhalb von etwa drei Tagen in eine allgemeine Ätherwelt auf." Heißt das, daß der Ätherleib während dieser drei Tage noch irgendwie mit dem physischen Leib zusammenhängt und man diesen Zusammenhang nicht vorzeitig unterbrechen sollte? Dem widerspräche aber die vorangegangene Feststellung: „Der Tod tritt durch eine Änderung im Zusammenhang der Wesensglieder ein . . . Der Ätherleib trennt sich zusammen mit Astralleib und Ich vom physischen Leib und überläßt diesen der Verwesung."
In Europa, wo man diese 3-Tage-Frist sowieso einhält, wäre meine Frage vielleicht nur ein Zeichen von Spitzfindigkeit. Hier, in Indien, verbrennt man die Toten möglichst noch am selben Tag (noch vor Sonnenuntergang), gleichgültig, ob das noch auf dem traditionellen Scheiterhaufen oder neuerdings (in den Städten) auch im Krematorium geschieht. Hier, bei unseren Witterungsverhältnissen, ist das sicherlich hygienischer. Ich war bisher der Mei-

nung, daß mit dem Eintritt des Todes keine direkte Verbindung mehr besteht zwischen dem physischen Leib und dem Ätherleib und daher der Zeitpunkt der Verbrennung ohne Bedeutung ist.

Antwort

Ihre Meinung, daß mit dem Eintritt des Todes keine (direkte) Verbindung mehr besteht zwischen dem physischen Leib und dem Ätherleib, ist sicher richtig. Aber Sie schreiben richtig: Keine *direkte* Verbindung und lassen damit die Möglichkeit einer *indirekten* Verbindung offen.

Alle Völker der Vergangenheit hatten nicht nur allgemeine Vorstellungen über das Leben nach dem Tode, das Totenreich und seine Gliederungen in Himmel und Hölle, sondern besaßen auch *spezifische Begräbnisriten und Totenkulte.* Sie waren überzeugt, daß die hinterbliebenen Angehörigen einem Toten durch gute Gedanken und kultische Handlungen beim Verlassen des Erdenlebens Hilfe leisten können.

Unter den Begräbnisriten lassen sich im wesentlichen drei Formen unterscheiden: Die Feuerbestattung, die Erdbestattung und die Mumifizierung.

Im *alten Indien* scheint schon früh die *Feuerbestattung* üblich gewesen zu sein. Die Verbrennung des physischen Leibes noch am selben Tag ist nicht nur durch die schnellere Verwesung in heißen Ländern begründet, sondern vor allem durch die Weltanschauung des alten Inders, wonach die eigentliche Wirklichkeit der geistigen Welt zukommt und die Sinneswelt nur Maja, Schein ist. Durch die rasche Verbrennung des Leibes wollte man dem Toten helfen, sich besser von den irdischen Verhältnissen lösen zu können.

Im *alten Ägypten* herrschten diametral entgegengesetzte Auffassungen. Durch die *Mumifizierung* des Leibes wollte man die Seele des Verstorbenen möglichst lange an die diesseitige Welt binden. In dem konservierten Leib sah man ein magisches Mittel, den Toten in der Nähe der Lebenden zu behalten. Der Ägypter wollte durch seinen einmaligen Totenkult seine Verbindung mit dem Totenreich herstellen und damit dem Verstorbenen den Weg zu Osiris, dem Herrn und Richter im Totenreich, ebnen. Die in vielen

Völkern und in der *katholischen Kirche* übliche *Erdbestattung* hält zwischen den beiden Extremen die Mitte und bringt die alttestamentliche Überzeugung zum Ausdruck, daß der physische Leib aus Erde besteht und nach dem Tode wieder zur Erde zurückgeht. Die mit der Dauer der Lebensrückschau im Ätherleib übereinstimmende Frist bis zur Erdbestattung oder Kremation kann vielleicht dem Toten helfen, sein Lebenspanorama in Ruhe zu erleben und sich von seinem irdischen Leben zu lösen. Aber auch die Hinterbliebenen können ihren Verlust leichter verkraften und den Toten mit guten Gedanken geleiten, wenn sie seinen Leib noch während einiger Tage zu Hause sehen dürfen. Allerdings wird der Leichnam vom Bestattungsamt meist sehr bald abgeholt und nur bei ausdrücklichem Wunsch der Angehörigen noch ein bis zwei Tage daheim gelassen.

Anmerkungen

1 Aurelio Peccei: Das menschliche Dilemma, Zukunft und Lernen, Molden Verlag 1979; Die Zukunft in unserer Hand, Molden Verlag 1981

2 Paul Huber: Kirche und anthroposophisches Christentum, Evangelischer Verlag, Zollikon 1957

3 Ernst Zimmer: Umsturz im Weltbild der Physik, Einleitung, Carl Hanser Verlag, München 1961

4 Das Werk Rudolf Steiners wird in einer Gesamtausgabe vom Rudolf Steiner Verlag in Dornach herausgegeben. Die einzelnen Bände sind fortlaufend mit GA. . . numeriert.

5 Johannes Hemleben: Rudolf Steiner in Selbstzeugnissen und Bilddokumenten, Rowohlt Verlag, Hamburg 1963

6 Alister Hardy: Der Mensch – das betende Tier, Klett-Cotta Verlag, Stuttgart 1979

7 Maurice Martin: Die Frage aller Fragen: Woher stammt der Mensch?, Verlag Die Kommenden, Freiburg 1983

8 Adolf Portmann: Der Mensch – ein Mängelwesen?, in „Entläßt die Natur den Menschen?", Ex Libris Zürich 1970

9 Jacques Lusseyran: Gegen die Verschmutzung des Ich, Verlag Freies Gesitesleben, Stuttgart 1972

10 Raymond A. Moody: Leben nach dem Tod, Rowohlt Verlag, Hamburg 1977; Nachgedanken über das Leben nach dem Tod, Rowohlt Verlag, Hamburg 1978

11 Johannes Hemleben: Jenseits, Ideen der Menschheit über das Leben nach dem Tode vom Ägyptischen Totenbuch bis zur Anthroposophie Rudolf Steiners, Rowohlt Verlag, Hamburg 1980

12 Conrad Ferdinand Meyer: Sämtliche Gedichte, Reclam Verlag, Stuttgart 1978
13 Brief des Paulus an die Galater, 6., 7-8
14 Fritz Kahn: Der Mensch, Bau und Funktionen unseres Körpers, Albert Müller Verlag, Rüschlikon-Zürich 1939
15 Gotthold Epharaim Lessing: Die Erziehung des Menschengeschlechtes, Novalis Verlag, Freiburg i. Br. 1939
16 Dazu folgender Hinweis: Nach einer Aussage Platons im Dialog „Timaios" habe der Weltenschöpfer bei der Erschaffung der Menschen jedem Stern eine Seele zugeteilt. Da unser Milchstraßensystem rund 100 Milliarden Sterne aufweist und heute auf der Erde rund 4,5 Milliarden Menschen leben, hat es gegenwärtig zirka 21 mal mehr Tote als Lebende. Wenn die Lebenserwartung heute durchschnittlich 50 Jahre beträgt, so wäre die mittlere Aufenthaltsdauer im Totenreich rund 21 x 50 = 1050 Jahre in guter Übereinstimmung mit der Angabe Rudolf Steiners.
17 Nemesios von Emesa: Anthropologie, Die Stellung des Menschen im Weltall, verdeutscht durch Emil Orth, Verlag Maria-Martental, Kaisersesch 1925
18 Gregoire Kolpaktchy: Das Ägyptische Totenbuch, Otto Barth Verlag, München 1955
19 Paulus: Römerbrief, 8., 19-22
20 Dionysius Areopagita: Die Hierarchien der Engel und der Kirche, Otto Wilhelm Barth Verlag, München 1955
21 Rudolf Augstein: Jesus – Menschensohn, Bertelsmann Verlag, München 1972 und Rowohlt Verlag, Hamburg 1974
22 Genesis, 1. Mose, 2., 7
23 Johannes Evangelium, 11. Kapitel
24 Johannes Evangelium, 1., 14
25 Rudolf Steiner: Der innere Aspekt des sozialen Rätsels, GA 193, 5. Vortrag, vom 12. Juni 1919 in Heidenheim